U0893354

父母教练 | Parenting
推动摇篮的手推动世界

新手父母
成长课

让孩子健康度过第一年

〔德〕克莱斯汀·克拉斯卡-吕戴克◎著
刘景姝◎译

长江出版传媒 | 长江少年儿童出版社

图书在版编目(CIP)数据

让孩子健康度过第一年 / (德) 克拉斯卡-吕戴克著；刘景姝译. -- 武汉：长江少年儿童出版社, 2016.6
书名原文: Unser Baby
ISBN 978-7-5560-2069-0

Ⅰ. ①让… Ⅱ. ①克… ②刘… Ⅲ. ①婴幼儿—哺育—基本知识 Ⅳ. ①TS976.31

中国版本图书馆CIP数据核字（2015）第038882号
著作权合同登记号：图字17-2014-158

让孩子健康度过第一年

[德]克莱斯汀・克拉斯卡-吕戴克 / 著　刘景姝 / 译
责任编辑 / 傅一新　佟 一　文 佳
装帧设计 / 张 青　美术编辑 / 熊灵杰
出版发行 / 长江少年儿童出版社
经销 / 全国新华书店
印刷 / 深圳市星嘉艺纸艺有限公司
开本 / 889×1194　1 / 24　6印张
版次 / 2016年6月第1版第1次印刷
书号 / ISBN 978-7-5560-2069-0
定价 / 36.00元

策划 / 海豚传媒股份有限公司
网址 / www.dolphinmedia.cn　邮箱 / dolphinmedia@vip.163.com
阅读咨询热线 / 027-87391723　销售热线 / 027-87396822
海豚传媒常年法律顾问 / 湖北珞珈律师事务所 王清 027-68754966-227

CONTENTS
目录

PREFACE

前言

怀胎十月，宝宝终于出生了！在过去的这段时间里，宝宝在您的肚子里平安而迅速地发育着。经历了怀孕期间的种种，您肯定早已满怀喜悦地期待着这一刻了。随着宝宝的到来，您的生活也即将翻开新的一页。

刚出生的宝宝还如此幼小，一切都要依靠爸爸和妈妈，他们需要大人无微不至的呵护。宝宝在第一年里的成长尤为迅速，也就是说，在最初的十二个月里，宝宝的成长变化是一生之中最为显著与重要的！

接下来，迎接新爸爸新妈妈的将是一段既紧张辛苦又令人激动的时光。在这段时间里，您会与宝宝共度幸福时光，当然也会遇到一些麻烦。刚刚拥有第一个孩子的年轻父母们常会面临由此带来的巨大挑战。这些挑战常常让新爸爸新妈妈感到束手无策：宝宝会在夜晚不停啼哭，爸爸妈妈却无可奈何。他们需要面对无数的问题：什么时候应该给宝宝喂奶？多久喂一次？什么时候换尿布？什么时候该用奶瓶给宝宝喂奶？什么时候开始给宝宝喂米饭？当宝宝长第一颗牙时应该做什么……

在照顾宝宝的同时，年轻的父母还要适应从二人世界到三口之家的转变。从现在开始，他们就要学会兼顾孩子、配偶、工作与朋友了。

在宝宝出生之前，爸爸妈妈就已经需要为迎接宝宝出生准备各种手续了，从填写申请到登记注册，一项都不能少。然而，这也只是刚刚开始。新生儿必须要接受各种检查，接种各种疫苗，在不同的成长阶段接受定期体检。现在，父母不仅要在照顾新生儿的同时兼顾家务，还要注意家庭各成员间的关系。

在最初的十二个月里，新的家庭会遭遇许多未知的挑战。父母必须努力让自己成为育儿专家，不仅能从容应对宝宝肚子疼这类小问题，还能在宝宝生病时悉心抚慰，并且懂得合理安排儿童膳食等等。

本书将会就以上种种问题为新爸爸新妈妈答疑解惑。我们会为大家提出很多实用的建议，使您能在第一年照顾小宝宝时感到更为从容与轻松。

01

第一章

宝宝的护理

家庭的新成员

随着宝宝的到来，家里的一切都发生了翻天覆地的变化。以前的生活模式彻底被颠覆：起床、上班、回家或和朋友聚会将不再是您的主要生活内容。从现在开始，家庭一切活动都将以孩子为中心。您会在第一时间觉察出生活的巨大改变。也许新爸爸新妈妈不会在意，因为对宝宝的喜爱以及为人父母带来的美妙感受足以弥补这一切。我们常常能够看见许多父母在婴儿出生第一天，甚至第一周里都愿意守候在宝宝的床边。父母悉心呵护着宝宝，很快便能够准确地了解到宝宝的需要，并感受他的喜怒哀乐。

实用小贴士

●向助产士寻求专业的护理经验

新生儿出生前后，助产士都会起到不可忽视的作用。因此我们建议新父母向助产士寻求专业的护理指导。每位准妈妈，尤其是第一次当妈妈的女士都应该寻求助产士的专业帮助。不管您是准备在家里或是医院里生孩子，都应该由受过专业训练的助产士对您和宝宝进行护理。每一位准妈妈都有权要求助产士的专业护理。

最初的准备

宝宝就要出生了，爸爸妈妈会满心期待、充满喜悦地准备可爱的小衣服和婴儿车。细心地做好准备是非常必要的。

宝宝的衣服

第一套婴儿服应当在宝宝出世以前就准备好。买来的婴儿用品都是崭新的，在给宝宝穿上之前，我们至少要把衣服洗一遍。如果衣服掉色，也能将浮色及时洗去。新生儿不需要太多的衣服，一般来说尺寸选52或59就行，这要取决于宝宝的体重。

如何给宝宝挑选衣服?

·3~4套内衣（和尚服、连体服、分体内衣、连脚裤，可以根据个人喜好准备）

·根据出生季节，考虑是否需要准备一些稍厚的外衣

· 2~4双袜子

· 选择纯棉质地的衣服

· 1~2顶帽子

怎样布置婴儿房?

· 婴儿床自然必不可少，最初几周也可以用婴儿车代替婴儿床

· 一个睡袋

· 床单被罩

· 给婴儿换衣服或尿布的操作台

· 带盖的马桶

· 条件允许的话也可以考虑安装电话以及音乐盒

室外穿衣

宝宝出生后，爸爸妈妈或许迫不及待地想带宝宝出去散步，或到邻居家串门。这时您需要特别注意宝宝的穿衣：既不能让他受凉，也不能穿得太多。那么，怎样判断宝宝穿衣的厚度是否合适呢？我们可以将手指放在宝宝的后颈感受他的体温，如果宝宝的后颈温暖干燥，说明穿衣的厚度比较合适；如果感觉宝宝脖颈处过热，就可以为他摘掉帽子或脱掉外套。需要特别说明的是，在最初几周中，帽子通常能够很好地保护新生儿避免着凉，因此即使是

在室内也最好让婴儿戴着帽子。

日常护理

以下几样物品是新生儿的日常护理中必备的：

· 几条柔软透气的小毛巾。既可以当尿布，也可以用来为宝宝擦嘴。因为哺乳后婴儿常常会在睡觉时发生吐奶的情况。这时，在宝宝头部或嘴边放一块这样的小毛巾就会非常方便。有时候妈妈会将小宝宝抱在肩头拍嗝，这样有利于宝宝的消化。这时候可以在肩头垫上一块这样的小毛巾，那么即使宝宝打嗝呕吐也不怕弄脏衣服了。

· 婴儿护理产品，如面霜、婴儿油、湿纸巾、爽身粉等

· 1~2条带帽的婴儿浴巾

· 水温计

知识链接

母子连心

母亲与婴儿出生后的第一次交流就会将母子紧密联系在一起。当妈妈第一次将幼儿揽在怀中，那份感动与喜悦之情是难以言表的。许多父母在婴儿出生时都会喜极而泣，他们会感到对自己的孩子怎么看也看不够。

换尿布：方法与频率

新生儿在第一个月里会经常啼哭，尤其是尿布湿了以后。由于婴儿的皮肤非常细嫩，对潮湿尤为敏感，当尿布潮湿时他们就会感到极其不适，因此会放声大哭。在宝宝刚出生的最初一段时间里，您每天至少要为宝宝换7~8次尿布。宝宝大一些以后，一天换大概5次就够了。

给宝宝换尿布时应在温暖的室内，室内温度控制在22~24摄氏度最为适宜。若换尿布的操作台太冷，可以在旁边放置电暖气来调节室温。此外，换尿布时还应避免宝宝被穿堂风吹到，以免引起感冒。

脱下尿布以后，应先用柔软的毛巾将宝宝的屁股擦净，用温水清洗后再擦干。在新生儿脐带愈合脱落之前，也应注意肚脐的清洁。如果您的宝宝是女婴，外生殖器的清洁更为重要，一定要对阴唇褶皱处进行清洗，同时注意不要让此处受到便便的污染，以免感染肠道细菌。男孩在一岁以前尽量不要翻动其睾丸上的包皮，因为这样可能导致阴茎感染或受伤。根据经验，我们推荐使用湿纸巾为宝宝做清洁。尤其是在路途之中，这样会更加方便。擦洗完后，应该让宝宝在换上新尿布前活动活动，让被尿布长时间包裹的部位透透气，这样就能够避免出现感染或红屁屁。

实用小贴士

●换尿布必备用品：

·干净的尿布或尿不湿

·柔软的毛巾

·柔软的纱布

·一盆温水

·湿纸巾

·护臀霜，润肤乳液或婴儿油等

怎样正确地换尿布?

·饭后换尿布，两次换尿布的间隔时间不要超过3~4小时。

·注意每次大便后都要将宝宝的屁股完全擦干净。

·用清洁的温水洗净尿布包裹的部位，使用质地温和的婴儿专用润肤露。

·清理宝宝臀部时不要用力擦，而应轻柔地揩拭。

·不要涂抹太多润肤露。

·不要给幼儿喂酸性的果汁、水果或酸奶等食物。哺乳期间的妈妈也应当对酸辣的食物忌口。

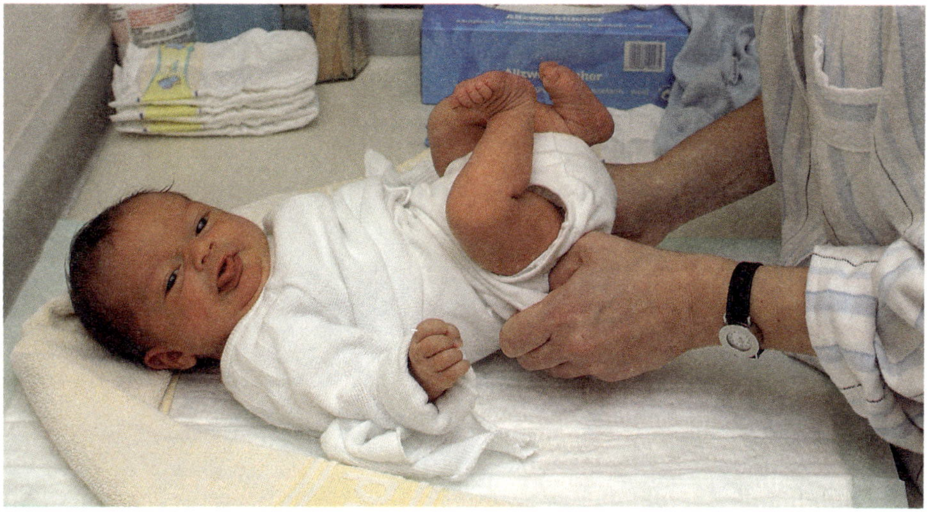

护理小屁屁：爽身粉、护臀霜、婴儿油

几个月大的宝宝臀部皮肤非常柔嫩敏感。长时间穿着尿布，大便以及酸性的小便都会对宝宝的小屁屁产生刺激。因此，宝宝臀部的清洁极为重要。我们可以在药店或日用品超市购买适合新生儿柔嫩肌肤的护理用品。

首先要将宝宝的皮肤彻底清洁干净，然后为宝宝涂抹上护臀霜，但千万不要过量，因为过多的护臀霜不仅无法带来双倍的护理效果，在下一次换尿布时还需要花费大量时间来清除这些油性护肤品。而且，油性护臀霜会粘在尿布上，不仅难以清洗，还会影响尿布的吸水性。

爽身粉一直是宝宝的经典护理用品，因为它能很好地吸收水分，保持皮肤干燥。但根据最新的研究看来，儿科医生一致认为，除非医生认为必需，否则尽量不要使用爽身粉。因为婴儿可能会将罐子打翻，吸入爽身粉的粉末可能会对新生儿的生命造成威胁。

质地温和的婴儿油能够对宝宝幼嫩的皮肤起到很好的保护作用。可以在尿布包裹处涂上温和的婴儿油，这样不仅能起到舒缓作用，还能使皮肤恢复天然的平衡。定时定量涂抹会对宝宝的皮肤起到很好的保护作用。

实用小贴士

●受伤的小屁屁

尽管父母再三小心，宝宝的小屁屁还是有可能会受到伤害。此时可以在患处涂抹含锌的软膏。这时，您应停止给宝宝使用爽身粉，因为它会进一步刺激患处的皮肤。

宝宝的身体护理

新生儿的皮肤看起来粉粉嫩嫩，似乎颇为健康，但这可能只是一种假象。作为人体面积最大的器官，新生儿的皮肤在刚出生时还未完全发育成熟。皮肤上还缺乏角质层，而角质层能够保护儿童及成年人免遭外界的影响。刚出生宝宝的皮肤非常敏感，易于发生敏感反应。宝宝出生后，包裹在外的油脂层消退了，宝宝的皮肤失去了保护，难以抵抗外界的刺激和感染，而最容易感染的部位正是尿布所包裹的部位。

给宝宝洗澡

只有等到新生儿的脐带完全愈合以后才能够将他们放在盆里洗澡。如果肚脐部分还未完全愈合，有感染迹象或略感潮湿，我们就不要擦洗肚脐及其周边部位。此时擦洗身体其他部位是可以的，等脐带完全愈合，结的痂脱落以后，父母就要注意对肚脐及其周围部分进行清洁了。因为肚脐的褶皱里边最容易藏污纳垢。

因为婴幼儿的皮肤非常柔嫩，所以洗澡不宜过勤，大概一周2~3次就足够了。如果洗澡过勤，时间过长，宝宝的皮肤就会变得很干燥。如果宝宝的皮肤过于干燥，妈妈可以在给宝宝洗澡时往水中加入具有保湿作用的护肤品，或者直接加一匙橄榄油。另外需要注意的是，最好不要在饭后马上给宝宝洗澡，此外其他时间都可以自行选择。

将婴儿放入浴盆时应用左前臂托住头部，右手托住臀部，脚先触水，然后放下上半身。如果宝宝在浴盆里是俯卧姿势，那么您应该用左手托住宝宝胸部到腋窝处，然后腾出右手来用毛巾轻轻地为宝宝擦洗。

如果是第一次尝试给宝宝洗澡，爸爸妈妈就一定要密切配合，因为四只手扶住宝宝一般会比两只手更为稳妥。将宝宝抱出浴盆时尤其应该注意抱稳。泡在水里一般都会让宝宝感到很快乐，但有些宝宝也会感到害怕，甚至会吓哭。这时，爸爸妈妈可以亲自做出榜样，抱着宝宝一块儿坐进浴盆里，这样能有效减轻宝宝对洗澡的恐惧。

实用小贴士

●防滑垫

在给宝宝洗澡时应注意防滑。您可以在浴盆下垫上防滑垫，或在浴盆里安上防滑座椅。父母应该切记，在任何时候都不应在无看护的情况下将宝宝独自留在水盆里。

眼部护理

刚出生的最初几天，宝宝的眼睛还不能完全睁开。因为生产过程中可能有一部分血液或羊水进入宝宝的眼中，并在眼角处形成黄色的分泌物。为预防感染，父母应该用无菌药水或清水为宝宝的眼部进行彻底清洗。用软纱布由外到内，向鼻根的方向将宝宝的眼部擦拭干净。通常情况下，眼部积液会通过鼻泪管排出。部分婴儿的鼻泪管要在出生一段时间后才会张开，此时尤其需要对婴儿眼部进行认真护理。

口鼻护理

对宝宝的口鼻护理当然也属于婴儿全身护理的重要部分。在给宝宝洗澡时用一块软布就可以完成宝宝外耳廓的清洁。家长千万不要用棉签给宝宝掏耳朵。这样做不仅没有必要，还可能会给婴儿的鼓膜造成伤害。耳垢不仅有助于保持婴儿耳道湿润，还能阻止更多脏物的进入，它能够避免耳部受到细菌的侵袭和感染。所以，我们无需太过频繁地给宝宝清洗耳朵。耳垢一旦被完全清除，耳朵内部感染细菌的几率反而会大大增加。

对宝宝鼻部的清洁需特别小心，清理时务必将宝宝的头部固定好，用小棉签在鼻腔轻轻地转动，千万不要伸入过深，或是用力太大。如果遇到难以清理的鼻垢，要先设法软化，再轻轻地清理掉。

手指甲与脚指甲

出生四周内，宝宝的手脚指甲还非常柔软。因此最好等到两个月以后再开始为宝宝剪指甲，因为这时候宝宝会开始用指甲抓脸了。父母应该定期为宝宝剪指甲并磨圆棱角。

最好趁宝宝熟睡时再给他们剪指甲。只要动作小心轻柔，宝宝是不会被弄醒的。这样可以避免宝宝醒着时剪指甲会乱动带来的危险。剪指甲时要注意抓紧手或脚，指甲要剪得整齐，注意不要让新长出来的指甲长到肉里去。

牙齿护理

许多父母都认为牙齿的护理是长牙之后的事，但其实牙齿护理从一出生就应该进行。虽然在这时宝宝还没长牙，但早期护理其实是在为长新牙做准备。医生建议尽早给宝宝适量摄入维生素D以及含氟物质。当宝宝长出新牙后，这些含氟物质会对牙齿形成保护，进而有效地防止龋齿。不过，宝宝在摄入含氟物质时一定要适量，否者有可能引起氟中毒，导致牙齿变灰或是长斑。严重的氟化物中毒可表现为恶心、呕吐、腹泻或肚子疼。在这样的情况下应对宝宝进行催吐，然后喝大量牛奶。对于还未长牙的口腔，您可以用棉签或干净的手指对上下颚进行按摩与清洁，这种方法简单并且无害。

新生儿的第一颗牙通常在3~4个月后长出，这时就需要开始定期对牙垢进行清理。由于乳糖或果酸对牙齿不好，在给宝宝喂奶或喝果汁以后应用棉签或带胶粒的软毛刷给宝宝刷牙，但这至少应在餐后半小时后进行，因为果酸等物质能有效溶解牙垢。

当幼儿牙齿慢慢长齐以后就可以用儿童专用牙刷刷牙了，第一年里可以不用牙膏，教宝宝先刷门牙外面，然后再刷里面，最后刷臼齿，但这不是需要绝对遵守的刷牙顺序，重要的是，所有的牙面都被清洁到了。

知识链接

舌部清洁

在给宝宝的牙齿做清洁时不要忘了舌头。因为舌头是病菌容易滋生的部位，而这些病菌通常是引起牙周炎或龋齿的罪魁祸首。

可传染的龋齿

龋齿是可能由父母传染给孩子的，当您自己有龋齿，又经常用嘴接触孩子的奶瓶或汤勺，那么孩子可能由此被传染上龋齿。所以患有龋齿的父母应尽量避免用嘴接触孩子的奶瓶等日常用品，同时也应注意自己的口腔清洁。

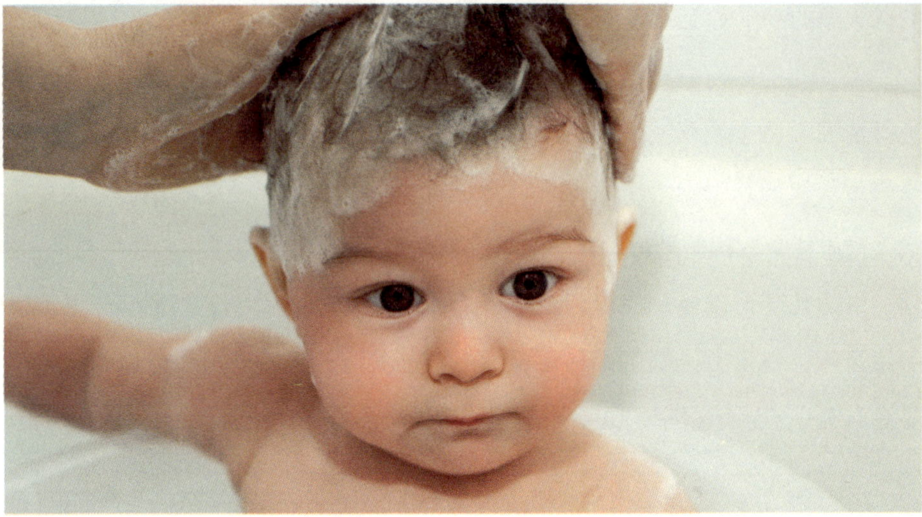

头发护理

即使宝宝的头发还很稀少，也应试着逐渐让其适应婴儿专用洗发液。尽管宝宝们可能都不喜欢洗头，您也不应勉强他们。但您越早对孩子的头发进行护理，那么当他们更大一些以后就会更愿意定期洗头。重要的是，洗头时动作要轻柔。对于新生儿来说，一周洗一次头就够了，或者是在有必要时才洗。

在给婴儿洗头时用手揉搓，再用软毛巾擦干即可。父母应注意在揉按脑门时不要在囟门处（指婴儿出生时头顶有两块没有骨质的“天窗”，医学上称为“囟门”）太过用力。因为此时宝宝囟门处的颅骨还未完全闭合，而这整个过程会持续大约两年。但也不要过于担心，所谓的囟门并非真正意义上的窟窿，它的外部也包裹着厚厚的保护层。

知识链接

乳 痂

有时会出现这样一种情况，婴儿皮肤上会长出红斑或一些透明鳞片状物质，人们称之为乳痂。这种乳痂本身是无害的。只要父母给孩子用温和型沐浴露定期洗澡，这种症状就会自然消失。

肚脐护理

宝宝的肚脐应保持干爽，一旦潮湿，父母就应小心地将它擦干。父母们应定期清洁宝宝的肚脐，但也不是每次换尿布之后都需清洁一次（参考“给宝宝换尿布”一节）。只需每天用油性液体对其擦拭一次即可。如果您愿意的话也可以从药店购买含有金盏花精华的洗护用品，它可以有效预防感染，但含有酒精的药品是不宜在婴儿肚脐及其周围使用的。如果宝宝肚脐上结痂了，您不应去动它，这可能会伤害到婴儿，您顶多能用毛巾去擦拭。在换尿布时您也应注意不要让肚脐被包裹或让尿布碰触到结痂处，您可以将尿布向下折叠，使肚脐露出。宝宝尿尿时也可能将肚脐及其周围处尿湿，此时用滴有金盏花精华的温水将其擦拭干净即可。

特别篇

婴儿瑜伽

在孕前或孕期就已经参加过瑜伽训练的妈妈会对母婴瑜伽的训练感到愉悦。婴儿瑜伽指的是对宝宝进行轻柔的瑜伽训练以及放松式按摩。这种瑜伽不仅会给妈妈和宝宝带来好处，使得他们身心愉快，更重要的是，通过共同进行这样一种瑜伽训练，会使得母子双方加深对对方的了解，营造出一种和谐的气氛，并由此在妈妈和宝宝间建立起积极牢固的关系。

即使爸爸妈妈对瑜伽不太熟悉也不要紧。所有的这类瑜伽练习都很简单易懂，相信您和宝宝每次参与之后都会有所提升。一开始需要给宝宝轻轻地按摩，然后再让他做一些简单的瑜伽练习。此时爸爸或妈妈可以帮助宝宝慢慢地将手臂或脚放置于瑜伽练习要求的位置。瑜伽练习能帮助锻炼婴儿的柔韧性，加强平衡感，同时也会让宝宝更有力量。当然妈妈也可以练习这一类的瑜伽，它不仅会促进身体内部的平衡，使得女性的身材更为紧致，同时也有抗衰老的作用。因此与宝宝一块练习瑜伽不仅对宝宝有益，更可以促进全家人的健康。另外，这些在瑜伽课上所做的练习也可促进宝宝深度睡眠。

婴儿瑜伽属于婴幼儿保健课程中非常重要的一项。它由一位英国的女瑜伽师发明，这位女瑜伽师认为，即使是婴儿也能从瑜伽练习中获益匪浅，包括全身心的放松、力量的恢复、身体内部和心灵的净化。

02

第二章

宝宝的饮食

母乳喂养

出生后很短一段时间内母子就有了首次“亲密接触”：宝宝会趴在妈妈胸前吮吸乳汁。对于母亲来说这一刻无比的宁静与美好，作为母亲您知道，自己的乳汁可以让宝宝健康成长。但有时母乳喂养也并非总是如人们所想的这么容易，一开始许多妈妈并不能正确地给自己的宝宝喂奶，而在这之后又过早地开始用奶瓶喂奶。此时妈妈需要做的就是静下心来多次练习如何给宝宝喂奶，因为喂奶是女性的一种本能，所以只要稍加练习就能很好地掌握。

实用小贴士

●提倡母乳喂养的诊所

许多妇产医生是提倡母乳喂养的。在很多妇产医院里，年轻的妈妈们都能获得关于母乳喂养的不少建议，更有许多热心的医生、护士会给新妈妈提供行之有效的方案，向她们展示喂奶的正确方法。这些妇产医院里的母婴哺育室会随时提供这样的服务。

母乳对婴儿的好处

母乳中含有上千种对婴儿成长有益的物质，如：

·维生素

·生长素

·一些激素，如瘦身素，它对于脂肪代谢很重要

·抗体及免疫物质（对身体免疫系统很重要的蛋白质分子，可以识别异物，对其进行标记及无害化处理）

母乳中的物质元素组合得如此完美，就像专为婴儿准备。在最初的四个月里，仅喂给婴儿以母乳就能满足婴儿所需的全部营养物质。

但是母乳喂养也应适量而不能过多，以避免由此可能造成的婴儿肥胖问题。母乳中所含有的瘦身素对于幼儿的脂肪代谢极为重要，同时也是衡量婴儿肥胖与否的标准。

实用小贴士

●哺乳妈妈的膳食安排

总体说来，哺乳期的妈妈们应围绕以下几点合理安排膳食：

· 多吃水果，多摄入维生素

· 多吃蔬菜及谷物类食品

· 糙米、面食、麦片、粗粮面包等

· 多吃土豆

· 适量的肉食

· 每天一杯牛奶，保证身体对钙的需求

· 摄入少量脂肪及糖类

· 尽量少喝咖啡

· 禁酒

抗体能够帮助婴儿有效抵御各种感染，如肠道感染、呼吸道感染以及尿道感染，而这些感染是在用牛奶喂养的婴儿身上极易发生的。另外由母乳喂养的婴儿也比较不容易生病，很少得中耳炎，脑膜炎等。而母乳中含有的其它特殊物质也能有效防止过敏及哮喘。

母乳喂养的好处还远不止这些：这种喂养方式可以促进婴儿的身体智力发育。譬如通过吮吸可以加强婴儿颌部的肌肉力量，而母乳中的一些脂肪酸则能够促进新生儿脑部发育。丹麦的一份研究调查甚至表明，母乳喂养的婴儿智商普遍高于牛奶喂养的婴儿。母乳喂养的婴儿长大以后他们患上心脏病的风险更低，胆固醇水平也更低。

母乳中的糖分不会产生对牙釉质有害的转化酶，所以母乳喂养也更容易让婴儿避免患上龋齿。基于母乳喂养的种种好处，联合国粮食及农业组织建议所有母亲在刚开始的4~6个月里对婴儿进行全母乳喂养。

实用小贴士

●哺乳期饮食的禁忌

哺乳期的妈妈应尽量避免食用以下食物：

·生鸡蛋，猪肉、鱼肉等

·含有过多咖啡因的饮料及食物

·过多的荚果

·酸性水果如柑橘等

·过多的白菜、大蒜和洋葱

母乳喂养的常见问题

尽管母乳喂养看似是一件自然而然的事，但实际上却并不简单，否则也就不会有那些专门为母乳喂养提供特别培训的课程及助产士。许多年轻妈妈在一开始就会因种种困难而产生放弃母乳喂养方式的念头，给婴儿喂奶是需要相当的耐心以及毅力的。即使对于那些信念坚定的妈妈们来说，克服母乳喂养过程当中的种种困难也是极为不易的。

实用小贴士

●更换喂奶姿势

如果您已经熟练地掌握给宝宝喂奶的姿势，那么您可以尝试频繁地换用左右乳房给宝宝喂奶，这样能缓解乳房压力。

乳汁瘀滞

在一开始，如果妈妈们还未完全掌握合适的喂奶节奏，那么就可能产生乳汁瘀滞的问题。所谓的乳汁瘀滞就是指乳房里奶水过多，这会让人感到乳房处有压迫感及疼痛感。此种情况下可以让宝宝“少食多餐”，比如将原来的每三小时喂一次奶改为每两小时喂一次，注意每次少喂一点，这样一来就能有效缓解乳房的胀痛感。

如果宝宝这时候正在睡觉，那么您也可以尝试用手将多余的乳汁挤掉，当然更好的办法是用吸奶器将多余的乳汁吸出然后储存起来。但要注意在挤奶时不要太过用力以免伤到乳房。

应该怎样做呢？这里给您提供一些小窍门：首先轻轻地按摩胸部及乳房，

使其周围组织完全放松。然后将拇指与食指握成C型，将乳房轻轻抬起，由根部慢慢按压至乳头处，双指合拢，此时乳头恰在虎口处，轻轻按压乳头即可出奶，接下来重复这一系列步骤直到将乳汁挤完。按摩时应注意充分按摩胸部的每一处，这样的话乳汁能挤得更干净，胸部及乳房也能更好地得到放松。为了更好地运用这一方法，您也可以向专业的助产士或哺乳专家咨询和学习。

乳房胀痛是乳汁瘀滞时的明显症状。为缓解这一症状您可以在每一次喂奶后用冰袋冷敷。针对乳房胀痛的预防性措施，您也可以在喂奶前将乳房及胸部四周热敷，或者干脆洗一个热水澡，这样的话能让血液及乳汁充分流动，更好出奶，也不易胀痛。

乳房感染（乳腺炎）

乳房一直胀痛的结果往往就是患上乳腺炎。之所以患乳腺炎，是因为温热的乳汁极易滋生细菌。乳房胀痛仅仅会让人感到疼痛不适，但乳腺炎却可引起发烧、乳部硬块、类似流感等症状。在这些症状出现时，您可以尝试上文提到的缓解乳汁瘀滞的方法。在这段时间里，妈妈不宜再给宝宝喂奶，不太健康的乳汁可以将它挤掉不要。如果以上症状有进一步加深的趋势，那么您应该去看医生甚至开一些药来吃，但要注意的是，无论您用何种方法，都应保证婴儿在您病好后才能继续喝您的乳汁。

哺乳期间的用药

如果您在哺乳期间因为某些疾病必须服用其他药物，那么请您一定要向医生咨询是否可以在服药期间对宝宝进行母乳喂养。因为大多数的药物会直接进入乳汁，那么这些药物也就可能会对您的宝宝产生副作用。

知识链接

哺乳与吸烟

哺乳期间妈妈是绝对不能抽烟的，因为香烟里的有害物质对宝宝伤害很大。

缓解哺乳压力

在给宝宝喂奶的过程中，经常变换喂奶的姿势及部位是很重要的。在喂奶时，婴儿会用牙根部挤压乳头，如果一直用一个姿势的话，那么乳房的这一部位就会被持续挤压，但是通过喂奶姿势及部位的变换，乳头压力就能很好地得到缓解，并且也有利于婴儿将乳汁喝干净。妈妈应该用两只乳房换着给宝宝喂奶。您很快就会知道应该先用哪只乳房给宝宝喂奶，通常来说应该是乳汁更为饱满的，也就是您自己感觉更为紧胀的那一只乳房。

当您有了一些喂奶经验以后，您就完全可以凭感觉选择任意一边乳房给宝宝喂奶，而不必再严格地按照时间表变换着乳房给宝宝喂奶了。哺乳期间您应尽量待在安静的地方，保持平静的心态，喧嚣和压力会让您无法很好地给宝宝喂奶，甚至也会产生奶水不足的问题。

如果您感到乳头部位变得疼痛或敏感，那么这时候就应检查一下您的宝宝在吮吸过程中是否仅仅只咬住奶头，这通常会让您感到疼痛。正确的做法是让宝宝含住乳头及乳晕，这样他能更好地吮吸，而您也不会感到任何不适。

在喂奶的过程中，您也应该随时查看宝宝喝奶的姿势是否正确。经常出现的错误姿势包括以下几种：婴儿的身体没有贴近妈妈的胸部，脑袋和脖子扭得太厉害；婴儿的嘴没有完全张开，这样他就不能含住整个乳头；有时婴儿头部会在吃奶的过程中滑离您的手臂或靠枕，如此一来他的整个姿势就会变得非常僵硬，喝奶也会变得很困难。但请记住，不管怎么样，只有把奶喂完了，乳头才能完全放松下来。

吃饱喝足后，大多数宝宝会感到困倦想睡，但如果宝宝此时没有喝饱，而您想换用另一只乳房来喂他，那么您应该轻轻地将他的嘴从现在的乳头处移开，具体做法是这样的：用您的小指轻轻放到宝宝嘴边试探他的吮吸反射，假如听到轻微的吮吸咂嘴声，那么表示此时您已可以将他的嘴移开。请您一定注意不要将婴儿的嘴从乳房处突然移开，因为这时婴儿牙齿还咬着乳头，这可能使您的乳房受伤。

接下来我们看一看都有哪些较为合适与舒适的哺乳姿势。

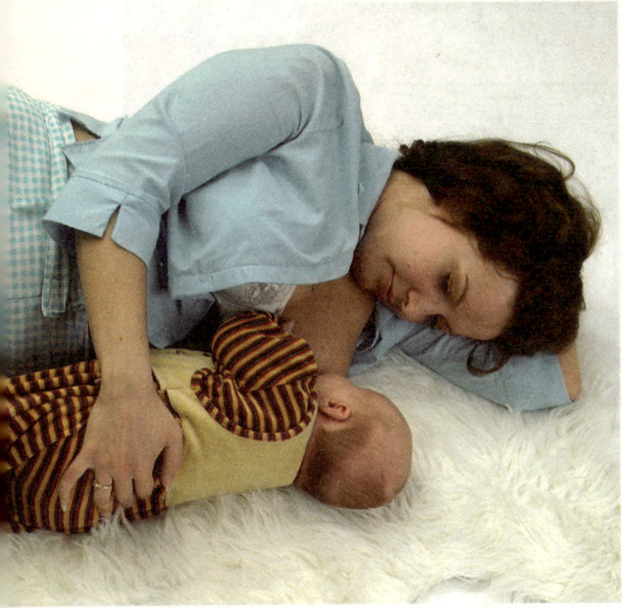

侧卧式

当您躺在床上时这将会是一个非常舒适的姿势，您只需要侧躺着，将压着的手臂挪开。让宝宝也面对着您侧躺着，嘴巴与乳房平行，用腾出来的那只手托着宝宝的头部，另一只手托着背部，以保证喂奶过程中宝宝不会滚开。当妈妈与宝宝都呈放松状态平躺时最为理想。为了保证您自身的舒适，您可以选择用枕头来垫住您的背部，或让孩子的爸爸帮您稳住。这一姿势适用于夜间喂奶或剖腹产后哺乳，因为它既不压迫您的腹部，而且在喂完奶后您和宝宝都可以接着睡，唯一需要注意的是不要压到宝宝的手臂。

十字式

如果您的宝宝还非常小，坐着喝奶有困难的话，那么此种姿势非常适用。此时宝宝的姿势与摇篮式相似，只是请您用手掌代替臂弯去托住宝宝的头部，并且如果是用右乳哺乳就使用左手托住宝宝，这样交叉着来。

抱足球式

如果您曾看过足球比赛的话，那么您一定知道球员是怎样将足球抱在手臂一侧的，此种哺乳姿势也正是这样。将您的右臂轻微弯曲，用右手托着宝宝头部，将其放至胸前，用右前臂托住宝宝背部，此时您的宝宝不会压在您的肚子上，腹部的压力也大为减轻，因此这一姿势适用于剖腹产后的妈妈们。除此之外，乳房较大，乳头较平的年轻女性也喜欢采用这种姿势，另外它也适用于双胞胎妈妈,因为这样她能同时给自己的两个宝宝喂奶。

知识链接

打嗝儿

宝宝吃饱喝足后，小肚子里也积聚了不少空气，为了将这些气体排出，他就会打嗝儿，或者您需要帮助他打嗝。将宝宝放在您的肩上，轻轻拍打他的背部，因为婴儿会经常出现呕吐，您可以在肩膀上搭一块布防止呕吐物弄脏您的衣服。如果宝宝呕吐次数过多，此时您就需要向专业助产士或儿童医师咨询，通常情况下是因为宝宝喝的奶太多了。喂奶后有轻微呕吐也属正常，只有极少数情况下才会出现频繁呕吐的症状。

摇篮式

这一姿势适用于妈妈坐着给宝宝喂奶。这时您可能需要用到一些枕头来放置您的胳膊，将宝宝放在您的膝部，当然如果需要的话也可给宝宝垫一个枕头或坐垫，让他的嘴刚好能碰到您的乳头。

现在如果是用左边乳房给宝宝喂奶，就用左手扶住宝宝，反之亦然。需要注意的是，喂奶过程中您的姿势不要太过僵硬，不要向前倾，要让宝宝坐端正，否则时间一久您就会感觉身子麻痹或酸痛。如果您是通过剖腹产生下的宝宝，那么这种喂奶姿势可能会让您感到不适，因为婴儿可能会用脚蹬您的肚子，这样的话，我们向您推荐另外几种喂奶姿势。

使用乳盾

由于各种各样的原因，对于一些妈妈来说喂奶有困难，那么此时她可以使用一种被称之为“乳盾”的装置，这是一种由食用硅胶制成的盾形装置，可以安装在乳头部位。有一些早产儿吸力不足或无法正确含住乳头，或是当婴儿在吸奶时习惯将舌头往前顶或往咽腔处缩，那么使用这种装置也可以帮助他们更好地吸奶。当妈妈有乳头内陷的情况时，那么乳盾就更是喂奶时不可缺少的辅助工具了。

通常哺乳咨询师与助产士都不太推荐使用乳盾，因为它无助于保护受伤的乳头，也不能预防其受伤。过早地使用这种装置会使宝宝在一开始无所适从，不利于宝宝熟悉妈妈胸部的位置，学会正确的喝奶方式。除此之外乳盾也可能经常让宝宝喝不饱，因为隔着这么一层装置宝宝无法将乳汁吸干净。

乳头成型器

如果妈妈们有乳头扁平或内陷的情况，那么可以用一种叫做“乳头成型器”的装置来帮助矫正。这种装置由树脂硅胶制成，整个呈圆形，中间有小孔使乳头露出，通常是贴在胸罩内壁使用。它的原理是通过对胸部造成挤压使得乳头向外突出，并能有效拉长奶管。作为预防性措施，孕妇通常在怀孕七个月后就可以开始使用这种成型器了。在喂奶的时候也可以使用它，因为当乳房里奶水很足的时候，乳头及乳晕部位会变得扁平，这时使用这种装置有助于使乳晕及乳头突起，这样小宝宝就能更好地喝奶了。

乳头保护器

当您的乳头发炎时，那么您可能就需要用到乳头保护器了，它的外形和乳头成型器非常相似，也是由树脂硅胶制成的圆形器具。不同的是它的中间开口更大一些。当您将它穿戴上后，它能够将您的乳头与衣物隔开，让发炎处空气更为流通，也避免了摩擦带来更多伤害。

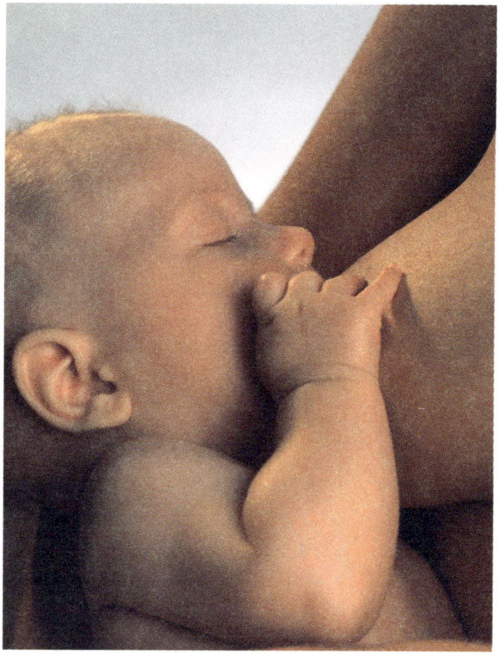

挤 奶

有两种方式可以将乳汁从乳房内挤出。第一种是不借助任何器具纯手工操作。使用此种方法前您应该先将双手洗干净，然后将手握成C型，大拇指放在乳头上方，由乳房根部慢慢向前有节奏地挤压乳房将奶挤出。挤出的奶用一个容器直接接住就行，需要注意的是，用来接奶的容器应该是无菌的，也就是说，您应该在挤奶前将容器煮一遍以消毒。使用这种方式挤奶虽然既便宜又简单，但是却很辛苦，也相当耗费时间。

与纯手工操作相对应的第二种挤奶方法更为简单有效，即使用电动或机械的吸奶器。电动的吸奶器只需要将它套在乳房上打开开关，它就能自动吸奶了。机械的则要麻烦一些，您需要挤压泵上的杠杆或小胶球来挤奶。

好的挤奶器使用起来会让妈妈觉得如同宝宝在吃奶一样，使用过程中无论如何要注意不要伤及乳房。现在许多药店都提供吸奶器租借服务，如果您想要尝试一下，这会是一个不错的选择。

实用小贴士

●如何冷藏母乳?

挤出来的奶应当尽可能趁着新鲜时喂给婴儿喝，但如果用不完的话也可以将它冷藏起来，注意冷藏过程中要隔绝空气，温度设在5摄氏度左右。记住冷藏日期，超过5天就不能再用了，要随时注意存量。

何时断奶?

以上为大家介绍了一些关于给宝宝喂奶的注意事项及技巧，那么什么时候应该给宝宝断奶呢？其实很简单，通过观察以下一些现象，您就可以判断什么时候让宝宝断奶。

·尽管宝宝还会躺下让您喂奶，但如果他每隔几秒就把嘴移开，这时表明他不再习惯让您这样喂奶了。

·宝宝会睁大眼睛好奇地望着您给他喂饭用的勺子或叉子，他会仔细观察您给他喂的饭菜，对这些东西表现出很大的兴趣。

·宝宝会突然变得胃口很大，经常闹着要喝奶，此时说明单纯的母乳喂养已经满足不了他的身体所需。

·当宝宝已经能够自己很好地手嘴配合着吃饭，那么此时喂奶也就不必要了。

通常来说，妈妈的泌乳量会随着宝宝的需求量而变化，宝宝断奶以后，妈妈的泌乳量也会逐渐减少。

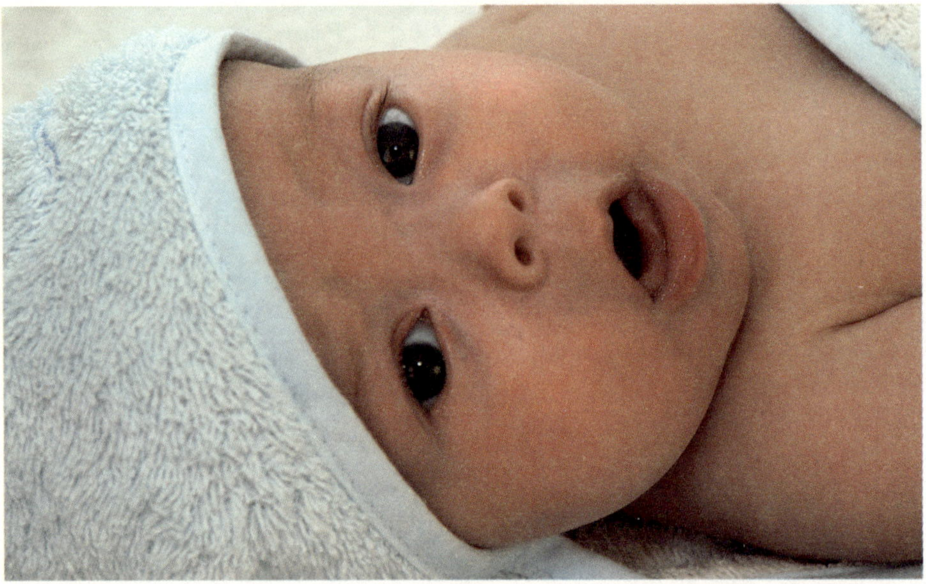

断奶是一个循序渐进的过程，无论如何不要给孩子突然断奶，因为这有可能给他们带来伤害。您应该明白，对于婴儿来说，从母乳到一般饭食的转变是巨大的，他们需要一个适应的过程。有一些宝宝在断奶时会比较困难，这时就更需要您的耐心了。

奶瓶喂养

母乳里所含的各种营养物质是最适合婴儿的，但现在在许多国家，尤其是西方国家市面上有了许多高品质的奶粉，这些奶粉可以代替母乳，父母可以放心冲给婴儿喝。

Pre段奶粉

如果不打算采取母乳喂养，专家们建议给宝宝喂适合新生儿的Pre段奶粉，因为它的营养成分与母乳最为接近，它含有与母乳同样的乳糖，但却没有母乳那么多的碳水化合物。某种程度上这种牛初乳甚至可以在宝宝出生后就给他喝。这种牛初乳适合在第一年里给宝宝喂食，但要注意适量就好。

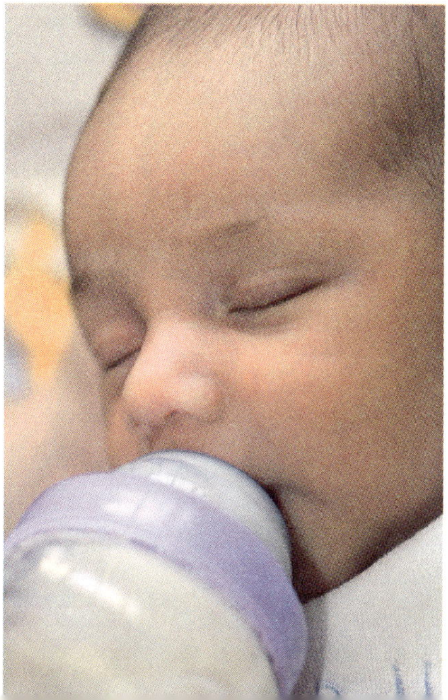

知识链接

什么是LCP

父母们需要注意给婴儿喂的乳品里面应含有LCP物质。LCP物质指的是一系列长链的多层级不饱和脂肪酸，譬如DHA以及ω-3脂肪酸。这些物质对于婴儿早期神经细胞的发育是必不可少的，因此它对于婴儿的大脑发育，神经系统以及视觉器官都极其重要。在婴儿尚未出生时，LCP物质就已经通过脐带源源不断地输送给母体子宫里的幼体。在婴儿出生以后，他可以通过母乳获得这些养分，但如果婴儿采用的是非母乳喂养，那么至少应该保证他们所喝的牛奶里面含有这些物质。

1段与2段配方奶粉

除了牛初乳还有一种配方奶粉也适合新生儿使用，我们通常称之为1段配方奶粉。这种奶粉含有足够的乳糖，其所含碳水化合物也比牛初乳更多。所以您可以在给宝宝喂食牛初乳时加少许1段配方奶粉，这样更容易保证宝宝吃饱。1段配方奶粉适合宝宝一周岁以前，当宝宝更大一些，喝1段配方奶粉也不再容易满足宝宝的需求，这时就可以给他喝2段配方奶粉了。

H.A.奶粉

除了以上的几种奶粉，还有一种H.A.奶粉，它是一种专门针对易过敏体质的宝宝研发的奶粉，也分为1段和2段两种。如果父母中一方或侄子侄女中曾经有人出现过过敏反应，为了安全起见，您应当在给婴儿喂奶前咨询专家的意见。当婴儿喝牛奶时出现过敏反应，那么即使是H.A.低过敏奶粉也不能再给他喝了，此时您应该向医生咨询，给宝宝喂一种更为特殊的防过敏奶粉。

知识链接

维生素D缺乏症

所有种类的奶都只含有极少量的维生素D，而缺乏维生素D会导致婴儿长大后患上佝偻病，出现脊柱弯曲、鸡胸、O型腿等症状，所以您应该从宝宝出生的第二周就开始给他吃补充维生素D的药片直到他满一周岁。

宝宝的辅食

辅食是指给婴儿喂食的除了母乳、牛奶与奶粉外的其他食物，包括粥、水果酱以及米饼等。通常专家建议在婴儿出生5~7个月后给他吃辅食，但这也只是一般情况，如果您的宝宝在前六个月是全母乳喂养，正如全国母乳喂养委员会与妇女儿童医师职业联合会的代表们所建议的那样，不要辅食也是完全可以的。辅食应根据婴儿的需要来安排，只有当婴幼儿喝奶喝不饱时才应给他补充辅食。对于一些早产儿来说，最早可以在第4~6个月开始给他喂辅食。对于辅食喂养有任何疑问您都应当先咨询儿

童专家，而不是自己想当然地去做。如果婴儿是易过敏体质，那么您最好在第七个月时再给他添加辅食。

知识链接

重要的发展阶段

随着婴儿膳食由母乳到一般辅助膳食逐渐转变，婴儿的肠胃功能也逐渐在这个过程中得到完善，这对于孩子以后适应一般食物极其重要。除此之外，在辅食里还要注意加上其他更多的营养物质，譬如铁，这类物质是牛奶或母乳中所缺乏的，均衡合适的辅食对于孩子运动机能的完善也非常重要。

专家建议父母从第六个月开始仔细观察宝宝在饭桌上的举动，如果发现宝宝开始有以下行为，那么说明此时可以让宝宝吃辅食了：宝宝开始用心观察其他家庭成员吃饭的举动，并且尝试用手抓盘子里的菜送到嘴里咀嚼；在一些必要的辅助下宝宝已可以独自坐在座位上不摔下来；喂奶时明显感觉到宝宝吃不饱。如果未出现以上情况，那么可以再给宝宝喂几周母乳或牛奶，辅食可以过段时间再添加。

如果宝宝已经长得足够大了，此时喂奶已经不能将他喂饱，那么您就可以开始慢慢改变他的饮食了。刚开始给他吃一到两种不同的食物就行，比较理想的是胡萝卜和南瓜。如果宝宝能够很好地接受这些食物，那么在几天以后可以慢慢加上土豆。接下来尝试给宝宝饭菜里加一些清油和肉食。需要注意的是，在准备这些食物时您不应按照自己的标准来判断口感，譬如对于宝宝来说没有盐味、辣味以及胡椒味的蔬菜土豆肉粥也会是很美味的。

知识链接

不同时期的美味辅食

·六个月大的宝宝：肉糊，蔬菜如土豆、南瓜、西葫芦。

·七个月大的宝宝：瘦牛肉，禽类加上一些水果如苹果、香蕉和梨。

·八个月大的宝宝：蔬菜如绿花菜、茴香、黄瓜，羔羊肉，谷物类如玉米、小麦、燕麦、小米。

·九个月大的宝宝：花椰菜、菠菜、西瓜、哈密瓜等。

·十个月大的宝宝：甘蓝、杏仁。

如何准备辅食

为保证宝宝的肠胃能够适应，在给宝宝准备食物时需要注意以下几点。如果您想在食物里面加一些油，那么最好用菜籽油，菜籽油很好地综合了橄榄油和大豆油的特点：既富含油酸，ω-3脂肪酸以及ω-6脂肪酸，同时又只有很少的饱和脂肪酸。但即便如此，在给婴儿的食物中您也应该少放盐，少放肉。另外在宝宝满两周岁前不应给他食用洋葱、圆白菜、荚果以及混合饮料。还有一些食物是容易引起过敏的，那么此时最好避免给易过敏体质婴儿吃这些食物，如：牛奶、鸡蛋、鱼肉、柑果、坚果、小麦、芹菜以及巧克力。

特别篇

宝宝学游泳

对婴儿进行游泳训练并非在我们这个时代才出现的，很久以前人们就已经意识到，婴儿天生对水很敏感，并有亲切感。早在几百年以前，世界各地的人们就会让新生儿接触水，不管是出于清洁需要、宗教原因或仅仅是为了让婴儿体验戏水的快乐。

现如今很多地方都有针对婴儿的游泳课程。如果您愿意，在宝宝三个月大的时候就可以带他去参加这类课程了，这类水性训练课程对两岁以前的宝宝都很适宜。因为在课上婴儿不仅能学会克服对水的恐惧，并且也会体验到在“陆地”上所不能获得的乐趣。除此之外，这样的训练课程也有助于宝宝的运动机能提升、体型塑造以及器官功能的加强。其实

新生儿早在母亲子宫里就已经对水很熟悉了，因此当他们出生后被放在温水里时，会自然而然地让他们感觉像在妈妈肚子里一样舒适。

当您现在开始给宝宝选择泳池以及报名课程时，请注意选择具有专业资质的教练，泳池的水温控制在32摄氏度时比较适宜，并且水应当经过氯消毒，这样可以有效防止真菌感染和传染病。只有在宝宝一切身体状况正常时才可以去游泳，当他有些小感冒或呼吸道问题时就不应再参加游泳训练。即使是身体健康的宝宝每次游泳时长也不应超过30分钟，因为婴儿此时的皮肤还很敏感，30分钟后他们就会感到寒冷了。

03

第三章

宝宝的日常生活

睡 眠

身为妈妈，我们应该知道，只要宝宝感觉累了就会很快入睡。通常，婴儿三个月大时夜里的睡眠会比白天多，但绝不会是一觉睡到天亮,而父母也不用担心宝宝夜里睡眠会不足，他们其实不需要如此多的睡眠。两周大的婴儿一次睡眠不会超过三个小时，半岁时不会超过五个小时。由此也有一些家长会在宝宝夜里睡觉时定时将他唤醒，这也是可以的。有一些时候婴儿会在夜里醒来要喝奶，这也完全不会影响其睡眠，喝饱以后他们就能一觉睡到天亮了。

婴儿应根据他们自己的生物钟来活动。有时候您不必将宝宝过早

地抱上床，通常宝宝的下午觉会是一个长时间的深度睡眠，这样他们夜间有可能很晚都不想睡觉，这时适当推迟上床时间也未为不可。

知识链接

睡眠不稳

这可能听起来有些怪，但许多父母经常会无意识地打扰到婴儿睡觉或是提前将他们叫醒。因为婴儿在第一个月时睡觉并不安稳，也就是说他们睡眠很浅，这就经常会给父母造成宝宝睡醒了的错觉。

正确的睡姿

对于什么是婴儿的正确睡姿，一直存在不同的观点。专家建议婴儿应平躺或侧躺着睡觉。在白天或醒着时可以让婴儿仰卧着休息，仰卧可以让婴儿更好地呼吸，但是这样的姿势容易让他们乱动，因此可以用被子或婴儿睡袋把他们包裹住。除了更利于婴儿呼吸，仰卧也可以最大程度上避免婴儿的突然死亡。如果喂食以后婴儿有呕吐现象，那么此时适合用侧卧睡姿，为避免翻滚，可以在婴儿背后垫上毛巾、被子，并在脑袋及嘴巴下边垫上毛巾防止呕吐物弄脏床单。

为了保证婴儿能有一个良好的睡眠，除了掌握正确的睡姿，还有一点也很重要，那就是需要有一张合适的婴儿床。床垫和被褥要结实、透气以及防水，另外最好是用纯棉的床上用品，因为化纤布料、塑料床具以及人造涂层会降低婴儿睡眠质量。

实用小贴士

●室内环境与睡眠

婴儿睡觉的房间里面应该随时保持空气流通，空气质量应当是良好的，决不允许有香烟的烟雾。睡觉时婴儿头部不应被枕头、棉被、毛巾、毛绒玩具等盖住，其它热源也应远离婴儿，如热奶瓶，这些东西容易让婴儿呼吸不畅或导致过敏反应。

宝宝的生活节奏

婴儿还在很小的时候就已经有自己的生活节奏了，您的任务就是去发现它。在一些医院里新生儿每4小时喂一次奶，然后睡觉。在最开始的几周里这样的节奏基本符合婴儿的生物钟，但您还是应该仔细观察，找出最适合您自己宝宝的节奏。

为了帮助宝宝更好地养成固定的日常生活节奏，您应该在宝宝醒着时和他尽情玩耍，在宝宝睡着时则尽量不要去打扰他。通常来说可以让婴儿3~4小时喝一次奶，然后休息15分钟左右，最多不超过20分钟，这之后是幼儿精神最好的时候，具体表现为手脚乱动，不肯安分地坐着或躺着，那么现在您可以抱着他，给他按摩肚子以助消化，通常这应该在餐后马上进行，但婴儿那时会不太安分，因此按摩就放在休息后进行也可以。按摩后的接下来半小时里您可以和他玩耍，这个时候的孩子最喜欢和父母进行交流——不管是何种形式的，当孩子开始啼哭或表现出烦躁，这时表明他们想睡觉了。

请您给宝宝在每天的固定时段里安排特定的活动，这样能更好地帮助他们尽早适应自己的生活节奏，在固定的时间段吃饭、玩耍、睡觉，宝宝们喜欢这样稳定的生活。

实用小贴士

● **保持安静**

即使一开始可能会有些不适应，也请您去适应宝宝的生活节奏，而不是反过来让宝宝适应您的。这就意味着您不应该在宝宝休息或睡觉的时间里弄出声响，譬如接待客人，更不用说带着他们去购物了。刚开始的几周宝宝是很敏感的，如果他们的生活节奏被打乱，那么受到的影响就会很明显。

啼 哭

宝宝出生后的第一声就是啼哭。不管是父母还是医生都会紧张地等着这一声啼哭，因为那意味着宝宝的肺部工作正常。您也可以将之理解为宝宝对这个世界打的第一声招呼，并正式宣告自己的到来。但是接下来的一年时间里，啼哭会时常伴随着婴儿，因为这几乎就是他们在这一段时间内唯一的语言。

啼哭也是一种语言。因为啼哭也是分不同声调的，有些时候是尖锐的、大声的啼哭，有时候又是小声的、断断续续的呜咽，这些不同的声调就代表了宝宝想要表达的不同感情，它们的共同之处在于用来引起父母对自己的注意。任何一位母亲都做不到在隔壁婴儿房里传来啼哭时，还能安静地坐着喝咖啡，啼哭本身就是让人难以忍受的，尤其是大声地叫唤哭泣，譬如在医院里婴儿的啼哭或宝宝长牙时的叫唤。婴儿会时常啼哭，但您应无论如何保持平静。

知识链接

KISS综合征（颈椎发育异常引起的平衡障碍）

KISS综合征是一种罕见的婴儿疾病，这种病症可以引发婴儿频繁的、长时间地啼哭。KISS综合征具体是指颈椎发育异常引起的平衡障碍，它经常是由于宝宝出生时脑部位置未正确放置所引起的。这种病症会让宝宝时常感到颈椎疼痛，并且不能正常活动，严重者会引发多动症、头疼病甚至认知障碍。因此，当您觉得您的宝宝有上述症状，那么他有可能患有KISS综合征，这时您应当立即带他去看医生。

造成婴儿啼哭的原因通常有以下几种：

· 肚子饿了

· 尿布湿了

· 感觉疼痛，如肚子疼，胃疼或牙疼

· 身体不舒服，感到寒冷或太热

· 感到恐惧

· 不希望母亲离开

· 感到疲劳

· 感到失望，出于固执或因为烦躁而啼哭

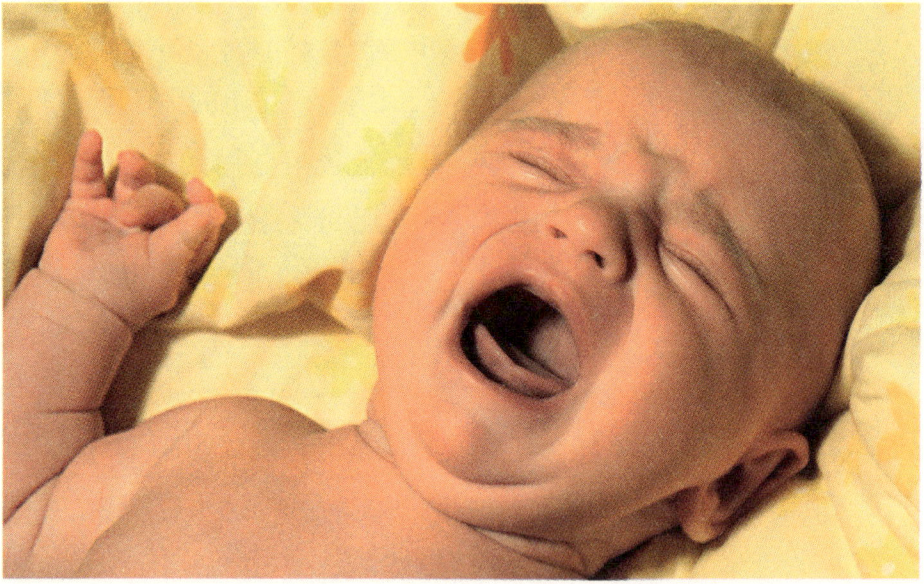

能否对哭声置之不理?

对于宝宝的啼哭是绝对不能置之不理的，因为一方面宝宝的啼哭会让大多数父母感到心神不宁，另一方面宝宝的啼哭表示他想向您寻求帮助。当宝宝意识到自己的父母已经听到自己的呼唤并且正赶来帮助自己，那么此时他们的啼哭声会逐渐小下去，但当您对他们发出的信号置之不理时，他们就会更加大声地哭闹。如果您遇到了无法安抚宝宝的情况，那么此时就要向他人寻求帮助，许多在您个人看来无法解决的问题，到了有经验的人手上都能迎刃而解。

背起宝宝

研究表明：许多发展中国家的婴儿会被整天地背在妈妈背上，他们啼哭的次数及时间要比许多西方发达国家的婴儿少很多。因此有专家建议，如果您精力足够的话也可以尝试将宝宝经常背在身上——实际上再没有比将宝宝随时带在身上，感受他们的气息更令年轻父母们感到幸福的了。困难之处在于如何在背着自己宝宝的同时，又能不妨碍每天的工作及家务活，因此父母可以先尝试着背一会儿宝宝，只有双方都感到舒适时，这样做才是有意义的，反之，因为将宝宝长时间背着而导致父母背痛或肩颈部疼痛，这样就得不偿失了。市面上现在有各种婴儿背带，婴儿便携带以及婴儿背包可供挑选，您可以挑一款适合您和宝宝的。

背 巾

背巾是许多年轻父母的首选。使用背巾时，宝宝实际上是蹲坐在背巾中，这对宝宝髋关节的健康发育有好处，同时宝宝也会感到比较舒适。这样宝宝就会比较安静，不会太多地啼哭。另外当爸爸妈妈有许多事要做，腾不出手来时，这种背带也是相当合适的，并且比婴儿手推车更为轻便。但是当要用这种背带背着宝宝走很长一段距离时，譬如说散步，为了防止背部负担过重，父母双方应轮流背宝宝。这种背带种类繁多，款式、颜色不一，品牌也不一样，到底要选哪一款就要看您个人的喜好与经济条件了。

前胸/后背式婴儿背包

将宝宝装在小小的特制背包里面，搁在背上或胸前，这种婴儿背包是许多父亲喜欢的。它也有不同的款式、花色以及大小，但与后背式背带一样，宝宝的脚也是被包裹在背包里的。在挑选这种婴儿背包时，您应注意让自己先和宝宝试用一下，确定舒适以后再掏钱也不迟。

搭扣式斜背带

如果您认为后背式背带太过复杂，而婴儿背包又太紧，那么您可以尝试一种特殊的便携背带。这种背带斜挎在父母背上，肩带是加厚型的，还有可调节松紧的搭扣。使用这种背带的话，宝宝就像是被放在一个小兜里边，使用时父母不需要系绳结，只需要调节好大小后将搭扣扣好就行。

04

第四章
宝宝的成长发育

身体发育

宝宝在健康成长着，他的样貌不再是出生时的样子，体重以及身高都有所增加，各项能力也在迅速发展，这使得家人们几乎需要重新去认识他了。实际上，宝宝出生的第一年是他一生中成长发育最为迅速关键的一年，这段时间对宝宝的培养是父母日常生活的重中之重，因为这段时间里宝宝几乎一天一个样，所以作为父母是无论如何也不能对此掉以轻心的。

当然，不同婴儿的成长过程是有一定差异的，有些婴儿生下来就比其他婴儿重，有些会成长得更为迅速。现存所有有关婴儿成长的统计数据以及趋势图表，都只能表明一般情况或平均趋势，实际上不同的婴儿在体型、身高等方面都有着巨大差异，因此在这一点上对于每个婴儿也就应该区别对待。

宝宝的反射

婴儿出生后会有一些先天性的原始反射，这些反射是婴儿对于自身的一种保护性反射。譬如，这种原始反射能够帮助婴儿控制自己的肌肉系统，但随着婴儿的成长，他们会逐渐学会如何控制自己的身体和肌肉，而相对的这种原始的保护性反射就会慢慢减弱。通过不断地重复，一些动作如抓取、行走以及奔跑等会深深印在婴儿的脑海里，并且在某种程度上形成一种自发的动作模式。对于大一些的孩子以及成年人来说，他们在抓取某样东西时，不会再先去思考“抓取”是一个怎样的动作，而是自然而然地就形成了“抓”的动作。

抓握反射

在新生儿所有的动作当中，最惹人喜爱的就是他对陌生手指的抓握了。在三个月大以前，只要父母伸一根手指头在他的手掌里，就会立即被他的小手紧紧握住。而更令人吃惊的是，如果让新生儿两只小手握紧一根棍棒，他甚至

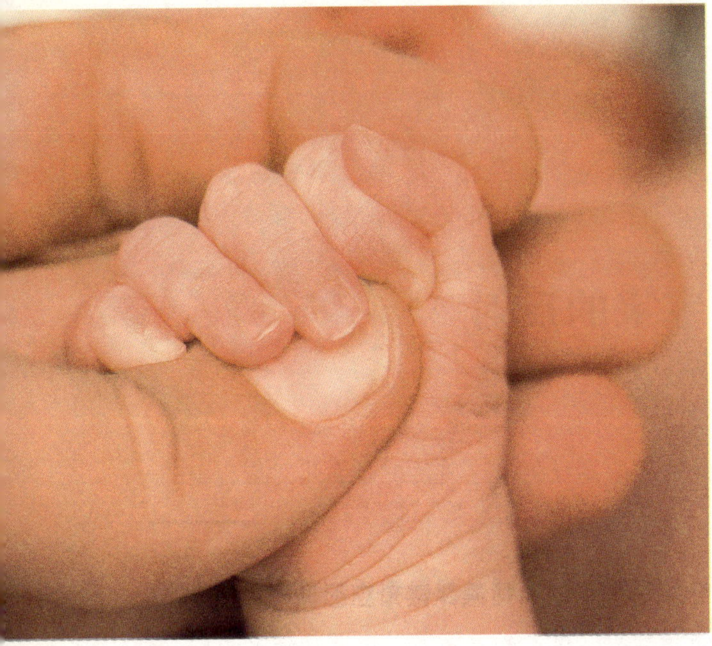

可以使整个身体悬挂片刻。另一个与之相似的反应是，假如用手去轻轻抚摸婴儿的脚掌，他的脚掌便会弓起，正如手掌一样，他的脚掌也会想要握住所碰到的物体。

吮吸反射

婴儿一出生就具有极强的吮吸反射，这是为了让他在出生后，能在短时间内适应将乳汁从妈妈乳房吸出来的进食方式。激活这样的反应很简单，您只需要试着用手轻轻按压宝宝的上下颚即可。

吞咽反射

除了吮吸反射，吞反射也是宝宝能够顺利喝到乳汁的重要条件之一。其实，宝宝还在妈妈子宫里的时候，就已经具有了吞反射，因为他们时不时地也会喝下一些羊水。相应地，他们也还具有咽反射，这会帮助他们将吞入口中的东西，及时咽到肚子里以避免被呛到。

觅食反射

轻轻触碰宝宝的脸颊，宝宝会将脸转向您的方向并做出寻找乳房的样子。这种反射最迟会在婴儿出生四周后消失。在这四周的时间里，有些宝宝在睡觉的时候也会出现这种反应。

莫罗反射

仔细观察您就会发现，当新生儿被大的声响吓到或感觉自己在坠落时，他们就会张开自己的手臂以及双脚，将身体弯曲试图紧紧抱住些什么，然后将身子整个蜷缩起来并握紧自己的小拳头。

踏步反射

从宝宝的腋下将宝宝提起，并使其双脚轻轻着地，宝宝便会双脚交错抬起，做出好像在行走或奔跑的样子。踏步反射会在宝宝两个月大时消失。

缩避反射

用小针去轻轻触碰婴儿的手臂与腿部，婴儿的肢体会做出反应，或是脸上表情会发生变化，如果用劲过猛，婴儿会大声啼哭。

潜水反射

如果将不满六个月的婴儿俯卧放在水中，他往往会表现出很好的协调性，出现游泳的动作，手脚还会游动。

击剑反射

击剑反射又称不对称强直性颈反射，是婴儿在出生后前六个月会表现出的一种反射。这种反射有助于婴儿平衡性训练与活动，为以后生活中所必需的良好平衡感打下基础。不对称强直性颈反射表现为：当婴儿头部被推向右侧，其右侧手脚也会伸展开来，而对侧手脚则会缩起来，就像击剑的姿势，反之亦然。

宝宝的体重

婴儿出生的第一年内体重增长非常迅速，一般说来，在刚开始的5~6个月婴儿体重能增加一倍，也就是说，如果刚出生时婴儿体重为7斤，那么半年以后，他可能会长到14斤左右，到第14个月时其体重能达到21斤，比出生时增加了两倍。实际上，宝宝并不是从一出生开始，体重就一直持续增长的。在刚出生的头几天里，体重反而会略有下降，大约会减少100克，然后在接下来的几天里体重又会恢复至刚出生时的重量。在这之后，正常情况下，宝宝的体重就只会一直增加了。

宝宝的身高

一个顺利生产下来的健康婴儿，其体重一般在2500~4520克之间，平均体重约为3500克。而新生儿身高一般在46~56厘米之间，平均身高约为51厘米。婴儿刚出生时的身高，并不能预示着他将来成年以后的身高，此时的身高更多的是体现孕期内母体胎盘的功能是否完善。比如，孕妇如果在孕期内抽烟，则可能导致胎盘渗血，这样，子宫内的婴儿就无法得到足够的营养，其生长状况也就会相对较差。胎盘功能低下或不正常还有可能是由以下原因

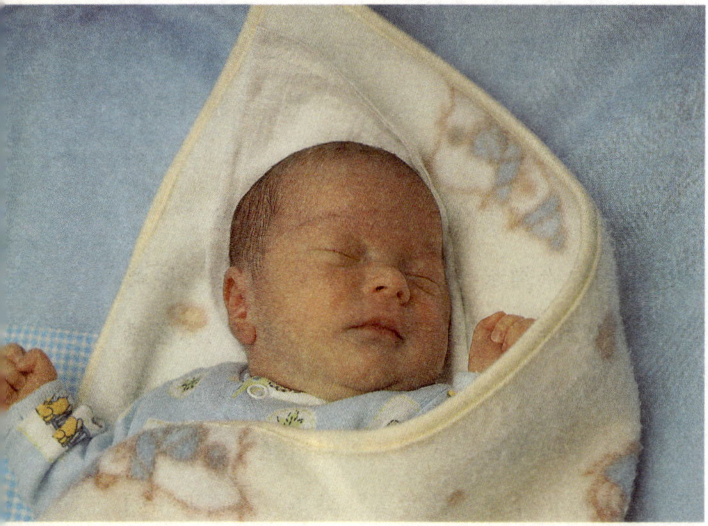

引起：妊娠中毒症、多胎妊娠、孕妇营养不良、体重不足或疾病感染等。

宝宝在刚开始的十二个月里长高得尤其迅速，且长高速度相当稳定。从出生开始，以10~21天为长高的第一阶段，接下来的六个月内以每三周为一个阶段快速生长，第一年里婴儿平均身高增长约为25厘米。

在今后的岁月中，宝宝的身高增长情况，将和父母的遗传基因息息相关。如果父母双方的身材都比较矮小，尽管宝宝出生时的身高和其他婴儿差不多，但一岁以后他的身高增长速度就会相对较慢；相反，父母身材较高大的婴儿，其一岁以后的长高速度也会相对较快。体重也是一样，不管刚出生时婴儿体重如何，一岁以后其体重增长也将深受父母遗传基因的影响。当然，也有例外的情况，当婴儿是早产儿时，身高及体重的发展可能都会受到影响。

知识链接

囟门预示病征

如果孩子的囟门过于向外凸起或者向内凹陷，那么这可能是一种疾病的征兆，比如，可能意味着孩子体内水分不足。因此在给孩子做定期的身体检查时，囟门也是一个非常重要的检查部位。

宝宝的头围

在出生后的第一年里，婴幼儿大脑的发育最为迅速，这也就意味着婴儿的头围与身材的增长并不成比例。如果您带着宝宝去看儿童医生，他就会经常测量宝宝的头围，以检查其头部发育是否正常。因为婴儿头部发育如此迅速，所以常常会出现与身体成长不协调的情况，但这无需担心，因为在下一个成长周期开始后，婴儿的身高及体重会显著增长，身材比例就会慢慢变得协调。举个例子，新生儿的头围大约在33~37厘米之间，这大概占了新生儿整个身体长度的四分之一，但成年以后，头部大小就只占身体的八分之一左右了。在婴儿时期，宝宝的头围每月会增加大约1厘米，这主要是因为囟门处的颅骨会张开，几个月以后它又会慢慢合拢。

宝宝的听力

婴儿的听觉系统在出生之前就已经发育得较为完善了，因此，他们一出生，就能够清晰地听到一切声响，并且对嘈杂的噪音非常敏感。所以父母应该注意，不要在新生儿的周边制造出过大或尖锐的声响。

知识链接

敏锐的听力

科学家通过研究发现，新生儿对声音频率的接受范围在16Hz-20000Hz,当他们青春期过后这一范围会缩小至16Hz-12000Hz。所以相对于大人来说，婴儿在第一年里的听力更为敏感，对音乐的感知能力几乎可以算得上完美。

宝宝的视觉

不同于听觉系统，婴儿的视觉系统是在出生以后才开始逐步完善的。在开始的四周里婴儿还不能看清楚太多东西，他们对光线已经很敏感，但是对物体活动的感知还相当粗略，所看见的事物轮廓也相对模糊。从第二个月开始，他们的视觉系统就能逐步感知事物及其活动了，譬如说尝试看清父母或兄弟姐妹的脸庞。当婴儿三个月大时，您再弯腰将头伸到他面前，这时他就能够认出您的脸并且对您报以微笑。

在第四个月时，婴幼儿已经能够很好地感知空间大小了，其手掌与手臂的配合也更为协调。第

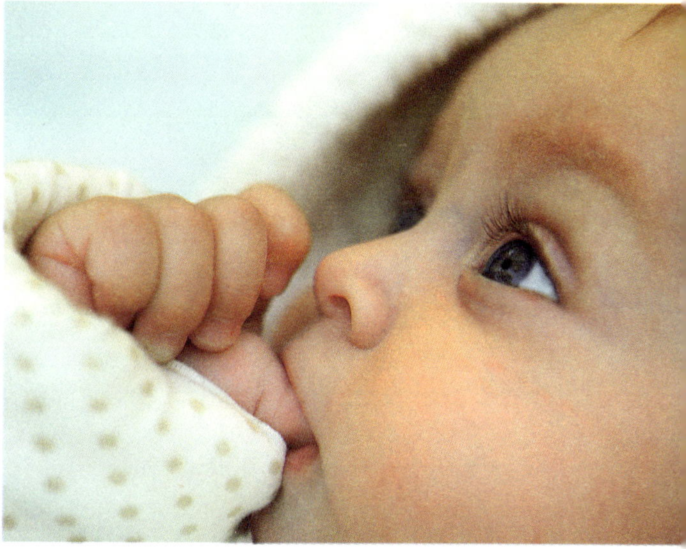

五个月时，婴儿视力进一步改善，成像也越来越清晰，这使得他们能够很好地观察在他们身边发生的活动，譬如说是否有人进出。有时当您认为宝宝已经入睡或者他的注意力已经被吸引到别处去而准备离开他的房间时，您有可能会惊奇地发现，他会觉察到您正准备离开，并且用自己的方式大声抗议。再过一个月，宝宝的视觉系统已经发育得比较完善，现在他能够有针对性地捕捉到他视线范围内的事物了。八个月大时宝宝视觉系统发育完成，这时他们就能够辨别家人熟悉的脸庞与陌生人的脸了。

宝宝的运动

从第四个月开始，婴儿探索周围世界的意愿愈来愈强烈，这时候父母应该让他们更多地自由活动。

手舞足蹈

通过自己手舞足蹈，宝宝们表达着他们自己的心情。如果婴儿将自己的左右脚互蹬，这可能表示他们很高兴，或者完全相反——表示他们很失望。这种通过肢体语言表达自身情感的方式在婴儿能够用语言表达情感后会逐渐消失。然而也有许多年纪较大的孩子仍然有这样的习惯——在争吵中或表达蔑视时他们会跺脚，这就是婴儿时期遗留下来的习惯。

坐 起

在四个月到六个月大时，婴儿的运动机能继续完善，不久以后他们就能够不靠外部支撑自己坐立了。独自坐立的前提是婴儿的背部及颈部肌肉已经相当发达，足以支撑婴儿的整个头部，自己能够控制上半身活动而不至于摔倒。而在同一时期里婴儿也会学会扭转腰身向后看，大约八个月大时，几乎所有的婴儿都能够不靠外部支撑自己坐立了。

爬

在大约六到十个月大时，婴儿就会开始到处爬以便更好地观察周围的世界。他能够离开以前自己为之束缚的狭小世界，而他将探索的世界可能是您无法全面监视到的。当他现在爬行着探索新世界时，他可能会遭遇一些未知的障碍甚至危险，譬如说家具的棱角、高高的台阶以及那些随时会倒下来的东西如花瓶或椅子。换句话说，现在您身上的担子又加重了一倍——一方面您必须更仔细地照看着他，跟在他屁股后面从一个房间到另一个房间，另一方面您还必须保证宝宝所爬行的地面是安全的。

通常当婴儿六个月或七个月大时，如果他们因为没有得到帮助而无法好好地坐着时，他们就会开始想要在地上爬。现在宝宝能够支撑自己的头部抬起足够长的时间，并能够左右转动观察周围，他们手

上、腿上以及背上的肌肉也已经足够发达，可以支撑着他们爬行。而在学会手脚并用爬行前，宝宝会用肚子蹭着物品匍匐前进。通过爬行，宝宝全身的肌肉都得到了锻炼，这也为他们不久以后学会站立奔跑打下了基础。

实用小贴士

●一起爬爬快乐多

刚开始时您可以和宝宝一块儿坐在地上活动，您可以拿个彩球在他的眼前晃动，以此来锻炼他的注意力。

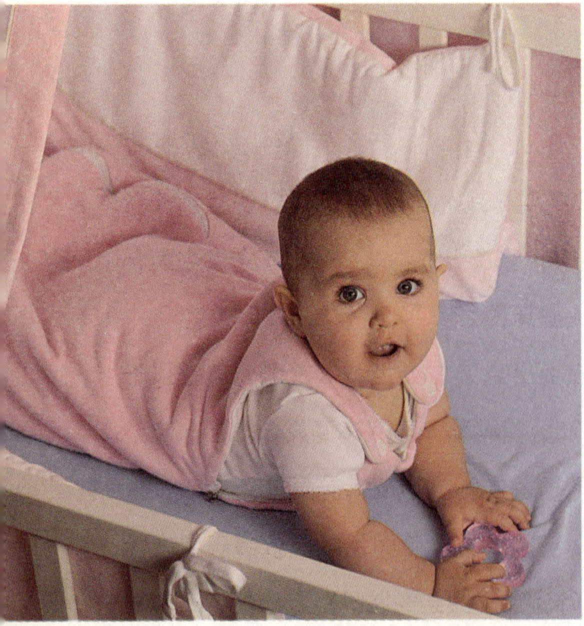

护　栏

除了让宝宝安静地躺在床上，另一个在宝宝活动时用来保证其安全的装置是婴儿护栏。现在宝宝已经能够自己爬到婴儿房门边并且可能爬出房间，为了安全起见，您应将他的活动范围限制在一个较小的范围内。还有在洗澡的时候，婴儿护栏也能很好地保护宝宝，让他老老实实地待在那里边。但婴儿护栏本身并不符合宝宝好动的天性，因为它过多地限制了其活动范围，所以使用婴儿护栏并非长久之计，如果有一天宝宝想要探知更大的世界，那么他有可能对此不满并且大声抗议。

让宝宝安心爬行的房间

·插座：在每个房屋里边都会有婴儿能够够得着的插座，在这些插座上您应安装上婴儿安全防护装置。

·台阶：为保证婴儿在台阶上的安全，您应在台阶两旁装上防护栏。

·抽屉：任何一个婴儿能够够得着的抽屉都将是一个潜在的危险。您应该检查每一个抽屉里边是否放有一些尖锐利器，譬如说餐具或剪刀，有的话务必放稳或拿走，以确保婴儿不会被伤到。

·冰箱门：在冰箱里面也有一些东西是不应该出现在婴儿手上的，譬如说具有腐蚀性的清洁剂、酒精饮料、易碎的餐具等，为此您可以给冰箱门安上特制的婴儿锁，让他无法打开冰箱门。

·炉灶：对于婴儿来说，炉灶是一个非常大的危险源，当婴儿可以触碰到炉灶按钮时，他可能会将炉灶点燃，此时放在上边的塑料餐具可能会被点着导致火灾，或者是婴儿自己用手去触碰炉灶而被烧伤或烫伤。

·桌子：有婴儿在时不要在餐桌上铺上桌布，宝宝很喜欢从桌布垂下的一角拉扯桌布。

·药品：不要将药品随处乱放，婴儿会对彩色的药丸或胶囊很好奇而误食它们。

·植物：婴儿也很喜欢爬到植物旁边，将它连同花朵一块儿放在嘴里嚼，但很多植物是对身体有害的，甚至是剧毒的。

·化学制剂：颜料、溶液、油漆、洗衣粉等类似的化学制剂无论如何都应被锁在婴儿不能找到的地方。

·香烟：如果您抽烟的话，那么要将烟灰缸及香烟放在婴儿拿不到的地方。

·尖锐的棱角：在每一个房间里都会有那么一处或几处有凸起的尖锐棱角。这时您在摆放家具时应注意摆放位置，不能让婴儿站在这些家具上就能碰到这些棱角。

·窗户：即使您认为婴儿不可能爬到窗户边，窗户也应该随时关闭或半关闭。当婴儿在屋里的时候是绝对要避免窗户大敞开的。

·阳台：和窗户一样，阳台也不能随时敞开着，这可能会带来许多危险。婴儿有可能会被夹到手，最坏的情况是他们会从阳台上摔下去，因此无论如何您都不应该让婴儿在没有大人监护的情况下独自在靠近阳台的地方爬行或玩耍。

·浴缸：即使水很浅，小孩子也可能溺水，这一点您应在给婴儿或再大点的小孩洗澡时注意，千万不要独自将婴儿留在浴缸或浴盆里。

·换尿布台：在婴儿学会爬行以前，换尿布的台子就已经是第一个危险源。在无人照管的情况下，未包裹好的婴儿可能会由于乱动从台上摔下来。

宝宝的第一步

对小宝宝来说第一次尝试走路，意味着学习如何正确地支配全身力量。因为他的身体会时不时向前倾或向后仰，所以小宝宝通常是将两只腿叉得很开地站立着。并且因为此时宝宝身材比例还不是非常匀称——相对于头部以及上半身，他们的双腿显得过短，所以对于他们来说，协调好整个身体的动作是比较困难的。在刚开始学走路的前几天或几周里，宝宝会不断练习走路，他们的两只脚现在可能会同时迈出，整个动作略显僵硬，因为他们的双腿还叉得非常开，并且脚掌会自然地抬起，脚趾会蜷缩起来。直到孩子十岁

了，他们才算真正学会了走路，走路时腿不会叉得这么开，并且会一前一后地迈步走。

实用小贴士

●**怎样帮助幼儿学习走路？**

如果可以的话，在宝宝第一次艰难地尝试走路时，您就应该一直在旁边作为支撑。如果您蹲在宝宝的前面，将手臂递给他扶着，那么他就会很受鼓舞。或者您也可以让他扶着玩具车练习走路。

儿童房的安全

·房间门：对于会走路的幼儿来说，所有的门在一定程度上都是“开着的”，因为在这之前他们只会爬行，并不能够着门把手，但现在他们站立起来或许就能轻易地将门打开了。因此，如果您不想让您的宝宝随时在走廊上甚至是街道上乱跑，那么您就应该随时注意将房间门锁上。

·家用电器：现在宝宝也能轻易够到电视机、音响、电磁炉等家用电器了。可能发生的情况是，宝宝经常会因为对这些电器上的按钮感到好奇而去摁它们，或者将锅碗瓢盆等从炉灶上拉下来，甚至是将手无意地放在炉灶上去烤，这些都是非常危险的。

·楼梯台阶：在第一次尝试走路成功以后，受此激励宝宝会喜欢去翻越一些他们眼中的障碍物，譬如说台阶，但是现在上下台阶对于刚会走路的他们

来说还是很难的。在宝宝学走路期间，不要让他靠近楼梯，您最好是将楼梯口锁上。在外面散步时也要注意让宝宝远离台阶，他们可能会从上边摔下来。

·家具：学会走路的宝宝现在不仅能爬上沙发、椅子以及桌子，他们还能在上面站立玩耍，所以现在您必须检查一下所有的家具，看看是否有放置不稳妥的家具，在宝宝站在上边时可能由于摇晃将他摔下来。

宝宝的语言发展

宝宝第一次发声是他出生时的啼哭，而啼哭也是他在最开始的几天或几周里与其他人交流的唯一方式。当宝宝一个月大时，他就可以发出不同的语音了，现在您可以和他进行大量的交流以及在他面前唱歌。两个月大时宝宝可以咯咯笑，尖锐地叫或是喃喃自语，现在他们的声音更加多样化了。

在宝宝三个月到六个月大时，他就能够模仿许多种从外部听到的声音，现在您应该多多和宝宝说话，给他看许多东西并教他说这些东西的名字。

在第六个月到第九个月，宝宝进入语言系统发育的第二个阶段。现在他会不停地咿呀学语，学会发出双音节如“妈妈”“爸爸”“大大”等。他们会用手势强调自己的话语，并且已经能够明白一些爸爸妈妈对他说的话了。如果您的宝宝在这段时期内没有以上的表现，那么有可能是因为他的听力系统出了问题。

十个月到十二个月时，宝宝又有了更大的进步：现在他已经能够根据声音来分辨特定的事物了，譬如说他知道“汪汪”的叫声就代表着狗。除此之外他也能够拼出一些字词，并且学会通过改变声调来表达他的情绪、愿望以及要求等。父母也可以和宝宝玩一些小游戏来促进其语言系统发育，譬如说可以和宝宝一块儿看一些图片，然后在这之后在看到相同事物时就问他们这些东西的名字。在此类练习中父母应注意不要使用婴儿用语，这有可能是无意识的，譬如在看到猫咪时就给宝宝说这是猫咪，而不要用“猫咪咪”一类的缩略语或重叠语。

在宝宝一岁到一岁半时，他就会开始说简单词句了，譬如一字句。现在他能够很好地根据一些声音或字词来辨别事物，学会用特定的词来称呼父母、家人以及他最喜爱的玩具。在这个时期里他能掌握大约20个词，并且尝试跟着大人学哼歌曲。

特别篇

婴幼儿按摩

不管是大人还是小孩，都会比较喜欢轻柔的皮肤接触。婴幼儿非常喜欢按摩，因此，一些按摩课程会向父母们教授专为婴儿设计的按摩方法。轻柔地给婴儿按摩能加强婴儿的身体感知能力，促进身心健康。按摩的时候，婴儿的身体肌肉也会得到放松，血液循环加快，呼吸更为深入。妈妈们也可以在按摩课堂上学到针对婴儿肚子疼、消化及睡眠不良等问题的按摩解决方法。

轻柔的按摩还有助于加强婴儿的免疫系统发展，甚至可以减少或避免他们在行为过程中可能受到的伤害。经常接受按摩的宝宝，其体内蛋白质会更多地合成髓鞘，这些髓鞘由神经纤维包裹着，并起着连接肌肉与神经系统的作用。研究人员发现，更多的髓鞘有利于外界刺激更快地被传递，因此宝宝的运动机能能够长期地得到更好的发展，反应更快，行为过程中骨头关节等处可能受到的伤害也会越少。此外，在按摩过程中还会产生一种能够增强婴幼儿免疫系统的激素，宝宝的抗压能力也会更强。定时给宝宝按摩，他会更少地啼哭，睡眠质量也会更高。

05

第五章 宝宝的健康

第一年中必要的检查

为确保婴幼儿的健康成长，德国从1976年开始实行了免费为婴儿进行体检的政策。自1991年至今，所有联邦州中婴儿体检的项目都是一致的。婴儿要进行的第一个体检为U1体检，这一检查在宝宝出生后马上进行。儿科医生会检查一些常规内容，以此判断新生儿的发育是否正常，有无缺陷、循环系统的病症或在出生时是否受伤。如果发现任何异常，医生会马上采取措施，对新生儿进行治疗。同时，医生还会定期检查以及登记幼儿接种疫苗的情况。

初次检查——新生宝宝的第一关

儿科医生在宝宝出生后五至十分钟之后就会对其进行初次检查。医生不光会测试宝宝是否具有体表及内脏的缺陷，还要检查他们在出生过程中是否受伤，如髋关节脱位。全套检查中的大部分项目也被称为APGAR测试。因为这套检查项目是由维珍尼亚·阿普伽（Virginina Apgar）于1952年创立的。现在，我们用她姓氏中的五个字母分别代表五种身体特征。通过对这五

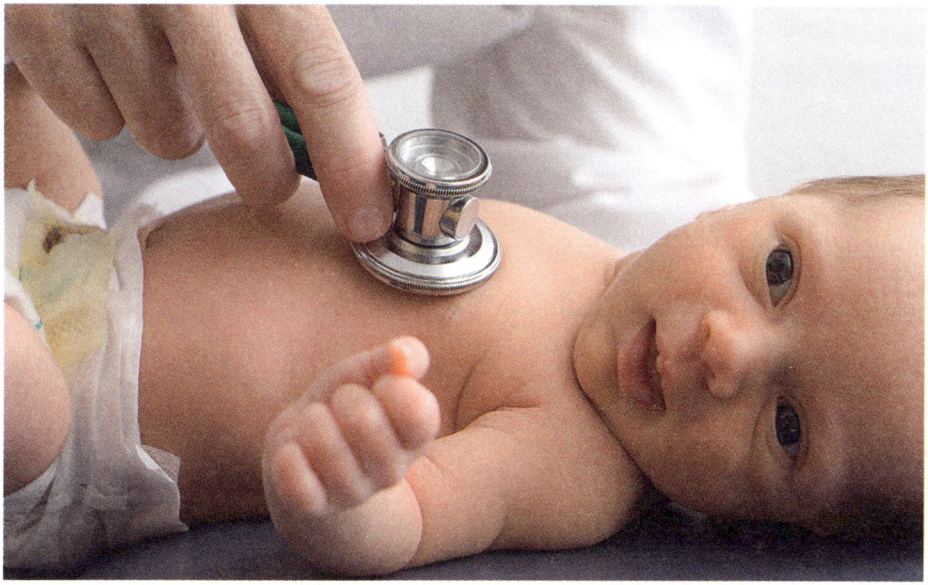

项特征进行检查，医生就能判断新生儿的健康状况：A代表呼吸，P代表脉搏和心率，G代表肌肉紧张程度，A代表外观（宝宝的肤色），R代表反射。根据新生儿的表现，我们分别对这五项特征进行打分。每项所得分为0、1或2分。综合分值从0开始，最高为10分。10分意味着宝宝的健康状况良好。在U1检查中能拿到7至9分也说明宝宝很健康。只要宝宝没有疾病或异常，很快就能和妈妈一起住进新生儿护理站。在门诊出生的宝宝就可以直接和爸爸妈妈一起回到家中了。

在初次检查时，医生会给宝宝注射两滴维生素K。这种维生素非常重要，能够防止内出血的出现。此外，医生还会为宝宝点适量的眼药水来预防眼部的感染，因为新生儿在出生过程中眼部可能会接触到细菌。

此外，医生还要为新生儿称体重，量身高与出生时的头围。最后，医生会从婴儿脐部采血来确定其出生过程中是否有缺氧的后遗症。

二次检查——三至十天

通过最初的检查，我们已经知道宝宝健康了。现在，婴儿与父母会慢慢地互相认识，互相熟悉起来。医生会在宝宝出生后的三至十天内进行二次检查。

如果妈妈还没有出院，就可以直接在医院里进行这项检查。如果新妈妈已经出院，千万不要忘记及时与儿科医生联系，约定二次检查的时间。

二次检查的主要内容为新生儿代谢异常检查。其主要目的是为了筛查婴儿是否患有苯酮尿症、半乳糖血症、高胱胺酸尿症等先天性的代谢系统疾病。医生会在婴儿的足跟采血。通过验血能及时发现新生儿黄疸、囊肿性纤维化或甲状腺功能低下等病症并及时予以治疗。

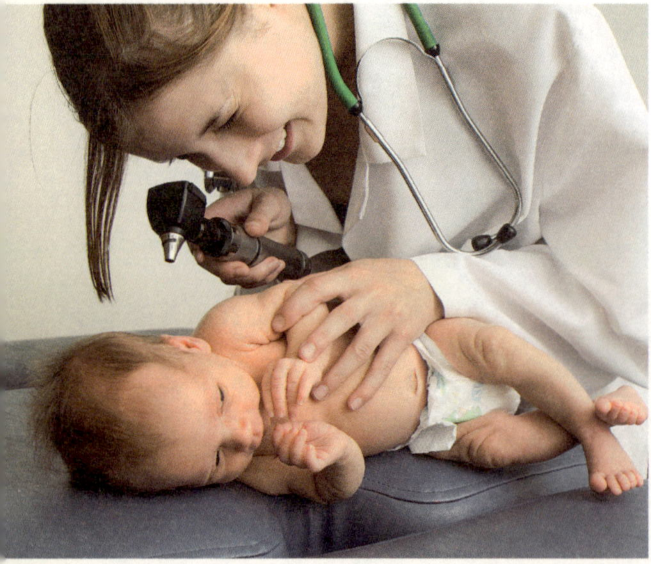

除了验血，医生还会对婴儿的脊柱、髋骨、感觉器官、性器官及肛门进行细致的全面检查。此外，医生还会仔细检查宝宝的运动、反射及神经系统。在二次和今后的三次检查中，医生还会为宝宝照B超,检查宝宝是否有髋关节发育不良的情况。

在第二次检查中，医生会再次为宝宝注射维生素K。此外，医生还会建议妈妈给宝宝服用维生素D以预防佝偻病，并补充氟来提高牙齿的硬度。二次检查包含很多项目，所以新手妈妈一定要预先计划好足够的时间。

三次检查——四至六周

第三次检查在出生后的四至六周之间。医生会再次为宝宝测量身长、体重以及头围，并将结果记录在宝宝的健康手册上。这次，医生还会对宝宝的身体姿态、反射反应及各个器官进行检查。医生会轻轻地触压男婴的睾丸，确定宝宝是否有睾丸未降的问题。在第三次检查中，宝宝会再次接受维生素K的注射。

第三次检查还会测试婴儿的听力。医生会在距离宝宝耳朵30厘米远的地方发出声响。如果婴儿能够正常听到声音，就会产生眨眼的反射。另外，还要测试宝宝是否能将视线聚集到他所看的某一点上。其实，父母不用医生的帮助也能测试宝宝的视力：如果我们冲着四到六周的宝宝微笑，他也会向我们报以微笑。医生会在第三次检查时询问宝宝的喂养、睡眠以及排便习惯。另外，如果在第二次检查中没有为宝宝的髋关节做B超，那么第三次就会补上这个重要的检查项目。

四次检查——三至四个月

三到四个月之间宝宝要接受第四次检查。这次宝宝要好好地“运动”一下了，因为医生要详细检查他们的活动能力和过程。

首先要双手将宝宝直立抱起，医生要观察宝宝是否能够自己将脖子立起来。宝宝现在是否已经能够抓起东西塞到嘴里？医生还会通过观察眼睛来确定宝宝的目光是否能够追随某一点或某个物体。此外，宝宝的听力要再次接受检查。

除了测试运动能力以外，第四次还要对身体进行全面彻底的检查。医生会细致地查看宝宝的心脏、肺部、消化器官以及肾脏。此外，男婴还要检查是否存在睾丸未降及阴囊水囊肿的现象。医生还要检查宝宝的囟门，也就是婴儿头顶头骨尚未闭合的地方。这个月龄的婴儿囟门应该尚未闭合，这样婴儿的头部还能继续正常发育。

婴儿的第一针疫苗最迟也要在此时接种了。我们推荐婴儿接种白喉、破伤风、流感、脊髓灰质炎、肺炎及乙肝疫苗。

五次检查——六到七个月

第五次检查一般在婴儿六至七个月时进行。这次检查的重点在于婴儿的反应能力和思维发展。听到电话铃或响亮的喇叭声，婴儿会不会做出反应？有人面朝宝宝的时候，他会不会看对方的脸？医生不光会再次测量宝宝的体重、身长和头围，还会仔细检查宝宝的各个器官。

半岁的宝宝还要接受灵活性的测试。宝宝是否已经能够抓握物体，能不能在趴着的时候用双手将上半身撑起？这个月龄的宝宝应该可以自己翻身，由仰卧变成俯卧。第五次检查中，医生会对婴儿的眼睛、耳朵等感觉器官再

次进行检查并观察婴儿是否患有佝偻病。有些疫苗也需要在这次检查时进行第二次接种。

六次检查——十至十二个月

第六次检查在宝宝十至十二个月期间进行。如果宝宝没有受伤或出现明显的病症，医生就会主要检查婴儿的运动及语言发展状况。宝宝这时已经会爬，也能扶着栏杆站起来了。有的甚至已经晃晃悠悠地迈出了人生的第一步。大部分宝宝这时已经能够说出几个双音节的单词，如“妈妈”“爸爸”“大大”等。另外，这次检查还会为婴儿接种常见的疫苗，如：麻疹、风疹与腮腺炎疫苗和水痘疫苗。接种完第四针，婴儿的基础预防针就打完了。

典型的婴幼儿病症

粉刺及粟粒疹

虽然听起来不可思议，但是有些宝宝确实会像青春期的少年那样长粉刺。这些粉刺几乎都会自行消退，不过时间很长，有时甚至会持续好几个月。

原　因

新生儿或婴儿粉刺的成因在于，妈妈在怀孕期间，荷尔蒙通过血液循环进入了宝宝的体内。如果宝宝将粉刺或斑疹挠破，就有可能导致化脓或发炎。

症　状

粉刺或粟粒疹遍布全身。

父母如何处理

出现这种症状时，应尽量将宝宝的指甲剪短，避免他在自己的身上留下抓痕。暂停使用护肤霜，定期用温水为宝宝洗澡，不要使用肥皂或任何沐浴用品。为宝宝穿透气、亲肤的衣服，不要挤压粉刺。

医生如何处理

这种情况无需就医。不过我们可以请医生或助产士诊断一下，以确定宝宝身上的斑疹是否只是皮肤上的粉刺。

过 敏

过敏是身体对某种特定物质（过敏源）的极端敏感反应。此类物质往往完全无害。过敏反应在任何年龄都可能出现，婴儿期也不例外。

原 因

当身体对外界某种物质产生过度的反应时就会过敏。儿童，特别是婴儿对环境的反应比成人更为灵敏，因此很容易产生过敏反应。哪怕只是微量的“过敏源”，都可能令宝宝产生过敏反应。

症 状

婴儿表现出的过敏症状各种各样。宝宝全身各个器官都可能发生过敏，最常见于眼睛、皮肤、呼吸系统及消化道。部分过敏症状出现得既突然又强烈，甚至可能导致过敏性的昏厥。婴幼儿常见症状为在皮肤上出麻疹、刺痒的丘疹、喷嚏流涕或哮喘。

父母如何处理

仔细观察宝宝何时会出现过敏表现。如果是某种食品引发的过敏，应将此种食品停喂一周时间。如果过敏症状不再出现，该食品就很有可能为过敏源。比较保险的方法是请儿科医生为宝宝进行过敏源测试。宝宝一旦发生过敏反应，父母就应做好准备应对紧急情况。假如宝宝可能因蜜蜂或黄蜂叮咬而发生过敏，父母就应备好急救包。若有其他过敏症状，可使用吸入式喷剂、可的松或抗敏药物来缓解。

医生如何处理

宝宝出现类似过敏的反应时，儿科医生会对他进行过敏测试。但为婴儿确诊的难度远远大于成人。因为有时婴儿即使过敏也没有表现出相应的症状。

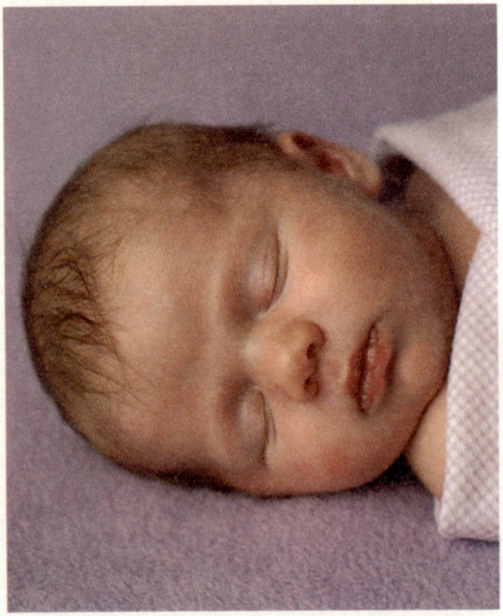

肠绞痛

虽然这种腹部绞痛也称为“三月绞痛”，但实际上它持续的时间可能会长达五个月之久。大约有20%的宝宝会出现肠绞痛的症状。肠绞痛不会对婴儿的成长和发展造成不利影响，所以父母无需过分担心。

原　因

我们至今仍无法解释出现肠

绞痛的确切原因。可能引发肠绞痛的原因有：婴儿的肠胃系统尚未发育健全；宝宝喝奶时过快而吞入空气；宝宝对某种食物过敏，如奶粉、牛奶中的蛋白或成品辅食中的某种食品添加剂；存积在胃内的食物发酵等等。

症　状

宝宝会因胀气而感到剧烈的疼痛，因此发出剧烈的哭声。对肠绞痛并无十分有效的治疗方法，但还是有一些办法能够略微缓解宝宝腹中的胀气。

父母如何处理

首先，父母应该注意控制孩子喝奶的速度。不要让宝宝吞咽得过快，否则就会在吞咽的同时吸入很多空气，让他们的小肚肚产生胀气。在哺乳或用奶瓶喂奶的时候，应尽量保持竖直的姿势，方便宝宝打出嗝来。打嗝是非常重要的。即使有时候会多花一些时间，或宝宝打嗝时会吐奶，我们在哺乳完之后也必须给宝宝拍嗝，帮他把肚中多余的空气排出来。如果用奶瓶喂养，奶嘴上的孔就要尽可能小，这样能够避免宝宝吸入过多空气。冲奶粉的时候，不要在瓶中摇起太多泡沫。让宝宝少食多餐也有利于缓解胀气。

在宝宝发生胀气时，妈妈应避免某些食品的摄入，如洋葱、大葱、各种白菜，做菜时口味尽量清淡，少放调料。母乳喂养的妈妈要在饮食时注意上述内容，因为食品中的物质能够通过母乳传入婴儿体内。

有些看起来似乎完全没问题的食品也会引起宝宝腹内的胀气，如咖啡、茶、巧克力、酵母，甚至连苹果、李子或橙子等水果。如果孩子的肠绞痛比较剧烈，哺乳的妈妈就应该试着不吃这些食物。这样就能尽快找出宝宝对哪种食物比较敏感。

哺乳的妈妈还应该禁烟禁酒。如果严格遵守了上述的要求，宝宝的绞痛却仍然没有任何好转，父母最好带宝宝去咨询儿科医生的意见。有时，宝宝会对牛奶或牛奶中的蛋白质过敏。

还有一些方法也能帮助宝宝缓解症状。首先，要让宝宝尽量少接受外界的刺激，尽可能让宝宝躺在安静的环境中多休息。

避免压力、噪音或忙碌的影响。如果父母情绪平静稳定，就能感染腹痛的宝宝，让他的情绪也渐渐舒缓下来。用婴儿油温柔地按摩宝宝的小肚肚也能让他感到格外舒服。

医生如何处理

如果父母不能确定宝宝是否患了肠绞痛，就可以让儿科医生对宝宝进行彻底的检查，以排除其他病症的可能。

实用小贴士

●从容应对

在宝宝肠绞痛的阶段，父母应该尽量保持冷静，从容应对。责骂、吼叫或使劲摇晃宝宝并非解决之道，因为这样根本无法令宝宝停止哭闹。我们应该始终记住，肠绞痛不会对健康产生不良影响，它会随着宝宝的成长慢慢地自动缓解。这些症状某天就会神奇地突然消失了。宝宝会完全恢复正常，爸爸妈妈也就能放下心来了。

●俯卧姿势

如果宝宝哭得很厉害，怎么也无法平静，不妨试试抱着宝宝来回走。用左臂抱着宝宝，让他保持俯卧姿势，趴在我们的小臂上。这样，来回走的同时也对宝宝的肚子进行了柔和的按摩。

幼儿急疹

婴儿一般会在第一年传染上这种疾病，95%的孩子都在两岁以前得过幼儿急疹。

原　因

很多孩子都患过幼儿急疹。这种病对健康没有任何伤害，却会让爸爸妈妈感到十分紧张。这种病是由两类疱疹病毒引起的。咳嗽、擤鼻涕或吐痰产生的飞沫都会携带着这些病毒在空气中传播。幼儿急疹的潜伏期，即感染与发病之间的间隔时间大约为三至十五天。

症　状

宝宝身上会出现成片的斑疹。不过家长无需担心，这些斑疹不仅无害，甚至还传达了良好的信息。因为这就意味着，宝宝基本上已经克服了病毒的侵袭。

父母/医生如何处理

宝宝身上的斑疹无需处理，这些疹子会在几天后自行消退。

呕　吐

有些小宝宝经常呕吐，这往往会引起父母的担忧。有很多因素都可能引起呕吐。

原　因

如果宝宝在餐后屡次呕吐，但每次呕吐的量都不大，就可能是疾病引发的。宝宝生病的时候，大脑会下达呕吐的信号。可能引起呕吐的疾病种类非常多，重要的是寻找出宝宝呕吐的具体原因。频繁的呕吐会使体内水、酸和盐的流失，情况严重的还会导致宝宝营养不良。如果宝宝呕吐不止，父母又找不出原因，就应及时带宝宝去就诊。

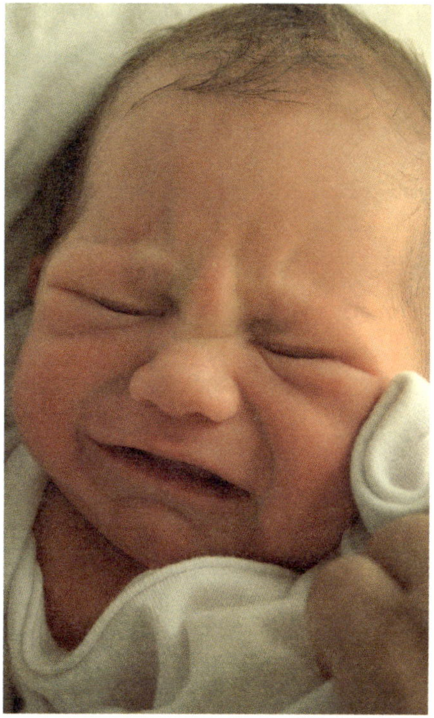

症　状

父母应该向医生详细描述宝宝呕吐的表现，如呕吐物的性状及颜色，说出宝宝呕吐的情况有助于医生进行诊断。如果宝宝刚刚进过食，量虽不大，却仍然吐了出来，那么一般就是让宝宝进食过多造成的。这时家长完全不必担心。有时宝宝会在刚吃完饭后突然大口呕吐。这种情况是婴儿呕吐中最常见的现象。如果宝宝呕吐为喷射状，甚至能形成弧线，喷得很远，那宝宝就可能有幽门狭窄的问题。

父母如何处理

回家以后，父母要时刻关注宝宝的表现。在宝宝呕吐时，我们应该扶住宝宝的头，一边轻柔地与他交谈，一边安慰他。即使孩子吐出来的东西比较多，也要让他马上多喝水。必要情况下也可以用小勺给宝宝喂水或婴儿茶。药店买来的洋甘菊茶具有舒缓胃部的作用，专门的电解质溶液也会对宝宝起到帮助。

医生如何处理

如果父母没有经验，就应该直接带宝宝就医，不要妄下诊断。医生会采取一切必要的措施。因为在短时间内失去的水分较多，宝宝可能会出现轻微嗜睡的症状。

如果宝宝一直在睡觉，就有可能错过吃奶时间而造成水分摄取不足。医生会通过药物维持宝宝体内水分与电解质的必需水平。

感冒

每人都曾有过感冒、流鼻涕和嗓子疼的经历。此时我们虽然感到不舒服，但也没有真正病倒。新生儿也会出现这种情况，而且比父母所设想的更加频繁。宝宝会常常感冒：第一年里感冒十次一点儿也不奇怪！宝宝感冒时，父母不仅要安慰他，帮他擦鼻子，在夜间恐怕也难以安眠。

原因

婴儿出生后，自身的免疫系统还没有完全建立起来，因此只具备约60%的功能。感冒病毒是通过空气传播的，所以宝宝只要接近感冒患者，就有可能被传染而患病。

症状

宝宝感冒时，一般都会轻微发烧，体温约在38摄氏度左右，同时伴有流鼻涕、嗓子疼或咳嗽的症状。未满半岁的婴儿会因为鼻子不通而在吃奶时吮吸困难，因为这个月龄的宝宝还只会用鼻子呼吸，他们还不会用嘴来呼吸。

父母如何处理

这时，父母应该及时为宝宝清理鼻子，以保证他们喝奶以及夜间睡眠时的呼吸顺畅。这类感冒症状一般会持续几天，时间较长的可能会持续一两周

之久。由于新生儿很容易受到感冒的侵扰，有些父母甚至会觉得自己的宝宝一直在流鼻涕，似乎从未间断过。

母乳喂养是增强宝宝免疫力的最佳途径。虽然母乳喂养的宝宝也会患感冒，但他们的症状会明显轻微。患儿的卧室应该保持舒适的温度并适当通风。白天带宝宝出门时，注意不要让宝宝接近其他患病的孩子，也不要到有人抽烟或空气流通不畅的房间里去。患感冒时，家长一般都会带宝宝去就医，让医生观察宝宝的症状。家长应该谨记，三个月以内的宝宝，无论出现任何类似于生病的症状，都务必要让医生进行观察诊断。对于大一些的宝宝来说，如果发烧持续多日，温度高于39摄氏度并伴有耳朵疼、呼吸困难甚至抽搐的症状，就一定要到儿科医生处就诊。

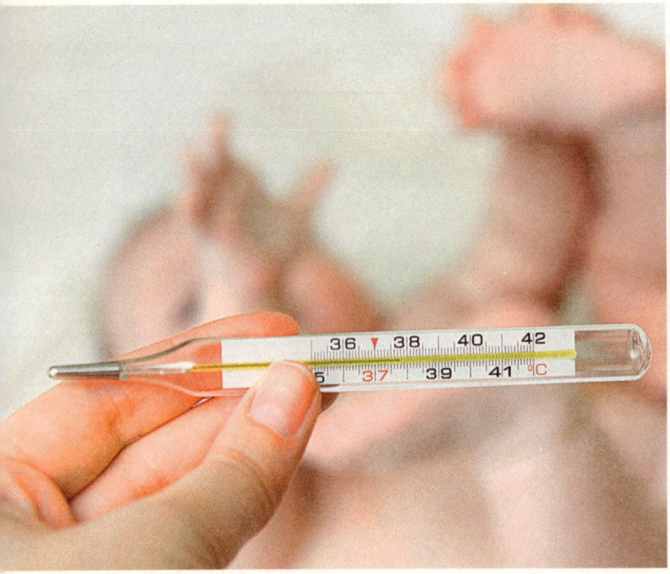

医生如何处理

医生会酌情为婴儿使用滴鼻药水或涂抹在胸部以便吸收的药剂。这种药剂中所含的成分能保证宝宝呼吸道的畅通。

发 烧

发烧是婴儿常见的症状。发烧时，宝宝的小脑门热热的，小脸也会烧得通红。这时，焦急的妈妈肯定希望能够马上帮助宝宝退烧。不过，新生儿突然发烧并不足虑。新生儿的体温本身就比大孩子要高，他们的体温一般都在36.5至37.5摄氏度之间。发烧时，宝宝的体温一般会在白天缓慢上升，到了夜间则有所下降。父母如果发觉婴儿表现异常，就要及时测量体温。通常情况下，如果宝宝早晨体温低于37.7摄氏度，晚间低于38.2摄氏度，父母就没有必要过于担心。

原 因

导致婴儿突然发烧的原因是多种多样的：

· 接种疫苗

· 患感冒

- 流感症状
- 嗓子发炎
- 中耳炎
- 呼吸道感染
- 喉气管支气管炎
- 尿路感染

症　状

婴儿发烧时，父母应注意以下症状：不到三个月的宝宝体温超过37.8摄氏度时，父母应该向儿科医生咨询。三到六个月的宝宝体温如果超过38.2摄氏度就要就医。六个月以上的宝宝如果体温在39.2摄氏度以下可自行处理，否则也要去看医生。另外，如果宝宝发烧超过三天，无论温度高低，都要去就诊。

父母如何处理

宝宝发烧时，父母一定要专心看护。我们应该定时为宝宝测量体温，观察他们的反应。如果宝宝虽然发烧，但胃口不错、精神很好，仍然活泼好动，那么父母一般就不必过于担心。如果宝宝异常安静，精神萎靡并且频繁啼哭，情况就比较严重了。

医生如何处理

如果不能确定婴儿的健康情况，就一定要带宝宝去医生处就诊。

三岁以下的幼儿最好用肛表测试温度。药店出售的肛表一般都带有一个塑料的保护套，或者在用完后马上用热水进行消毒。如果不方便测量肛门温度，也可测量宝宝腋下的温度。不过，腋下的温度不如肛门温度准确度高。根据以往的经验看来，腋下温度一般比肛门温度低半度。

也可以通过电话向有经验的医生求助，请他判断宝宝的病情。如果情况紧急，也可以请医生下班后到家中来探视宝宝，或者请急救医生来诊断。

如果高烧不退，儿科医生就会给宝宝使用退烧的栓剂。如果家里没有退烧栓剂或恰好用完了，家长一定不要随便使用强力的退烧药。比较稳妥的办法是去药店购买或从朋友那里借栓剂来为宝宝退烧。

实用小贴士

●快速测温法

有时，宝宝会在外出购物或在朋友家做客的时候忽然发烧。这时，妈妈手边不一定备有体温计。下面的“快速测温法”能够帮助我们查看孩子是否发烧：妈妈可以用手指或嘴唇接触宝宝额头齐眉高的地方。如果宝宝虽然满脸通红，但额头温度适宜，妈妈就不必太担心。不过，回家后最好马上用体温计再次进行测量。

●湿敷小腿

湿敷小腿是经常采用的退烧方式。将干净的棉布或毛巾用温水浸湿，敷在宝宝的小腿上。如果宝宝躺在床上，那么最好在湿毛巾外围一圈干毛巾，或在床上垫一层隔尿垫，这样就不会将床单弄湿。发烧不高时，用这个方法能够有效地帮助宝宝降温。

皮疹

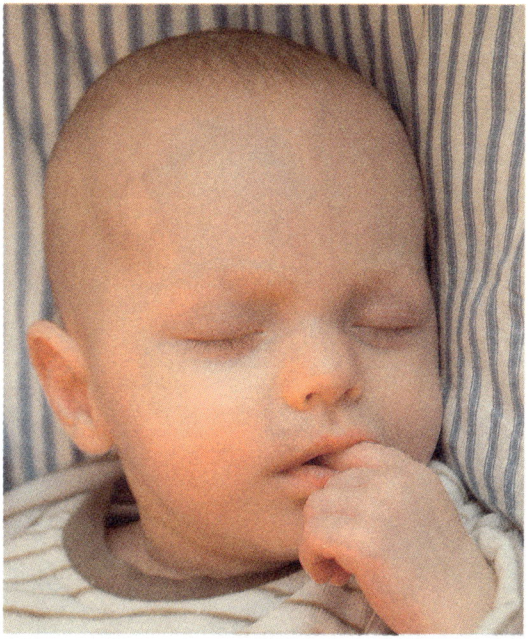

刚出生的宝宝身上常常会出现皮疹。

原因

多数时候，宝宝出现皮疹是因为过敏反应。很多婴幼儿都对小麦、牛奶制品、某些水果，特别是热带或富含柠檬酸以及大量糖分的水果过敏。我们无需过分担心，因为宝宝幼嫩的肌肤本身就比成年人的皮肤要敏感得多。因此，宝宝会比大人更快、更频繁地出现过敏反应。此类过敏一般没有危害。如果皮疹持续不退，家长无法判断，就要带宝宝去就诊了。

症状

宝宝粉嫩的肌肤上有时会突然出现红斑、丘疹或小脓包。此时妈妈不必惊慌。新生儿常常会出现皮疹，此时宝宝通常没有什么严重的病症。

父母如何处理

宝宝出现皮疹时，父母应该注意一些护理规则。在为宝宝清洗时要使用清水，不要用肥皂或香波。洗澡时水温应在37摄氏度，可以在水中加入几滴橄榄油。

除非是在冬天，否则不要为宝宝使用乳液或面霜。在天气寒冷时，则需为宝宝的肌肤进行一定的防护，以免冻伤。这时，一定要使用天然产品，产品中不能添加化学成分。因为功效强的洗衣剂常常含有化学成分，会刺激皮肤和呼吸道，引发宝宝的皮疹，所以在为宝宝洗衣服的时候一定要使用未添加芳香成分且质地温和的产品。千万要注意宝宝的衣服不能使用柔软剂。

医生如何处理

如果皮疹起因不明，一两天后又没有自行消退，家长最好带宝宝去向医生咨询。医生能够诊断出皮疹产生的确切原因并开出适当的外用药。

睾丸未降

顾名思义，这种病症只会出现在男婴身上。

原　因

通常情况下，胎儿的睾丸于腹部生成，再在荷尔蒙的影响下逐渐转移到阴囊中，但有时睾丸在下降过程中会遇到问题。由于睾丸所处的位置不同，婴儿睾丸未降的情况也有很大差异。这种情况通常会在婴儿出生后的第一年内自动修正。如果一岁以后情况仍未好转，就要让医生为宝宝进行治疗，否则成年以后可能会导致不育。

新生儿的睾丸未降一般都能及时得到发现，因为医生在首次检查时就会检查男婴的睾丸。

症　状

男婴的一侧或双侧睾丸没有完全降入阴囊中。

医生如何处理

如果一岁以后情况没有改变，医生就会通过荷尔蒙、手术或两种方法并用为宝宝进行治疗。

髋关节发育不良（髋关节脱位）

髋关节发育不良是先天性及发育性髋关节脱位的统称，这种情况只发生在新生儿中。

原　因

髋关节发育不良是指婴儿髋骨的骨臼关节处发育异常。造成这种异常通常有三种原因：机能、基因及荷尔蒙的原因。下列情况通常会增加婴儿髋关节发育不良的几率：

·母亲生第一胎时，腹部肌肉比较紧实，胎儿的活动自由相对受限，这就可能导致胎儿的髋骨发育不全。

·胎儿出生时为臀位。出生时，婴儿的髋骨可能受到子宫的挤压而导致发育不良。

·胎儿出生前羊水过少，这就限制了胎儿活动的自由。

·早产。

·如果父母有髋关节发育不良的病史，那么宝宝患相同病症的几率就会为正常情况的五至十倍。

症　状

这种病症表现为髋关节因发育不良而脱位。女婴患这种病症的比例为男

婴的四倍。有些宝宝在刚出生后的前几次检查中未表现出这种症状，但有些表现也可能是髋关节发育不良引起的：

·宝宝双腿长短不一

·大腿和臀部出现额外的皱褶

·在换尿裤时，宝宝两腿分开的程度不一

髋关节发育不良未必会令宝宝感到不适。因此有些家长直到宝宝开始走路时才发现这一问题。如果宝宝的髋关节在活动时发出“咔啪”的响声，家长就要留心了。这可能表明宝宝一侧股骨头从骨盆中脱位了。

宝宝两岁以前，只要及时发现髋关节的问题并辅以治疗，这种脱位都能予以矫正。通常，医生会在宝宝出生后不久就通过B超对他们的髋关节进行检查。因此，只要有问题一般都能及时发现。

即使没有发现，到宝宝学步的时候，这种问题也会暴露出来。因为这样的宝宝开始走路的时间都非常晚，走路时还会出现跛脚，迈步时髋骨疼，站立时还可能出现明显的腰椎突出等症状。

医生如何处理

医生会根据宝宝髋关节脱位的情况采用不同的治疗方法。一般情况下，采用特定的手法“展宽”宝宝的髋部就可以复位，有时需要使用牵引法治疗。

只有在极少的情况下才需要在髋部进行包扎或打石膏固位。如果其他方法都不能成功复位，就要考虑手术治疗了。

百日咳

百日咳是发于儿童呼吸道的一种严重传染疾病。

原 因

这种病是通过咳嗽、打喷嚏或说话时产生的飞沫所携带的细菌来传播的。

症 状

与普通咳嗽不同，患儿在咳嗽之后吸气时会出现明显的哮喘声。六个月以下的婴儿在患百日咳时极容易发生窒息。这种病在极少情况下会危及生命。因此，儿科医生一般建议为宝宝注射百日咳疫苗。

百日咳的发展分为三个阶段：被传染的患儿一般在两周内会出现类似流感的症状，如发烧、咳嗽、流涕及嗓子疼，之后就会出现干咳及咳后明显的哮喘式的吸气声。此时，宝宝咳嗽时会有透明的痰液，咳后有时还会呕吐。宝宝的眼睛中有红丝，常常流鼻血，还会出现急性的呼吸困难甚至危险的窒息症状。这时，宝宝必须马上到医院接受治疗。

父母如何处理

如果宝宝的症状比较轻，我们可以用抗生素来治疗。如果房间温度比较凉，夜间就要给宝宝穿得足够暖和，还要保证他摄入足量的水分。生病期间，宝宝需要经常接触新鲜空气，因此父母应尽量多带宝宝到户外活动。

同时，我们应该注意，不要让宝宝接触其他小朋友或老人。百日咳还可能伴有其他症状，例如，剧烈的咳嗽可能引发腹股沟疝或脐疝，还可能出现抽搐或由频繁呕吐引发的大量失水。

医生如何处理

医生会为宝宝开抗生素进行治疗。

喉气管支气管炎

大部分婴幼儿在六个月至三岁期间都可能患上喉气管支气管炎。

原　因

这个年龄阶段的宝宝喉头仍然比较狭窄。喉气管支气管炎会导致喉头部位的粘膜发炎肿胀。宝宝平时狭窄的呼吸道就已经受到粘膜的阻碍，此时更是雪上加霜。支气管炎大多由病毒感染引起，宝宝常常会先得普通的感冒。家中如果有人抽烟，宝宝就更容易患上支气管炎，因为烟雾缭绕的空气会导致病症的加剧。喉气管支气管炎多发于秋冬，秋冬之季感冒与呼吸道感染本来就十分严重。这种咳嗽症状也被称为“假性白喉”，因为它与“真的”白喉是有本质区别的。

症　状

宝宝第一次患上喉气管支气管炎时，父母肯定会感到十分不安。宝宝在吸气时会发出嘶哑的哮喘声，因为无法吸入足够的空气而呼吸沉重困难。此外，

宝宝还会发出剧烈的咳嗽，常常从睡梦中咳醒，这更让妈妈感到心急如焚。

父母如何处理

爸爸妈妈一定要保持冷静，不要让孩子因自己的焦急而感到困扰。将宝宝抱在怀中，轻轻地用言语安慰他。

此时，父母的主要目标是为肿胀的咽部及喉头部位消肿。如果事前准备充分，可以为孩子使用可的松栓剂。可的松是一种产生于肾上腺中的天然荷尔蒙。其夜间的分泌量远远低于白天。因此咳嗽大多集中在夜间。宝宝患病期间，呼吸凉爽湿润的空气有助于消除喉头附近粘膜的肿胀。为宝宝穿好衣服，带他到阳台或屋顶平台去。在新鲜空气中散步有时能收到意料不到的效果。我们也可以打开卫生间的热水龙头，热水的蒸汽也能保持屋内的湿度。

湿润的空气能帮助宝宝消肿，也可以把水和果汁小口地喂给宝宝喝。

医生如何处理

医生会使用可的松栓剂来治疗喉气管支气管炎。

实用小贴士

●加湿空气

如果孩子患了喉气管支气管炎，此时，如果父母能预先调节好宝宝房中空气的湿度，将对痊愈更加有利。常用的加湿器带一个防水的容器，放在一个加热的工具上。如果不用加湿器，也可以在宝宝屋中挂一件湿润的衣服，或在宝宝够不到的地方放一个大碗，在碗中放入冒热气的热水。

麻　疹

麻疹是一种传染性很强的上呼吸道疾病。

原　因

麻疹是由空气中的飞沫所携带的麻疹病毒引起的，人们咳嗽或打喷嚏时就可能会互相传染。

在很长一段时间里，人们都认为麻疹是一种危害不大的幼儿常见病，其实不然：麻疹不仅能够极大地削弱患儿的免疫系统，还常常会诱发中耳炎、气管炎或肺炎。在极少的情况下甚至会导致脑膜炎。

因此，医生建议婴儿注射麻疹、腮腺炎和风疹的联合疫苗。

症　状

患儿在感染了这种病毒后会出现典型的红斑状皮疹，同时，鼻部、咽喉和结膜会出现发炎症状，并伴以干咳和发烧。皮肤上的点状红斑一般从耳后开始，慢慢遍及全身。大约三天后逐渐消退。

父母如何处理

让患儿卧床休息几天，及时为其补充足够的水分。

医生如何处理

医生会为患儿开退烧药，令患儿卧床休息。根据传染病法，一旦确诊为麻疹，医生必须向相关卫生部门报告。

乳　痂

宝宝脸上的乳痂虽然难看，但妈妈却无须担心。很多宝宝都会长乳痂，它很快就会自行消退。

原　因

医生尚未找到乳痂生成的确切原因。据推测，乳痂的生成有遗传方面的原因。自然疗法的理论认为，乳痂表明身体的排毒过程尚未完成。

症　状

宝宝的皮肤表面形成的一层黄色、鳞状、黏腻却并不湿润的物质。乳痂也称奶痂，其正式的医学名称为脂溢性湿疹。人们之所以将其称为乳痂，是因为这层油脂看起来很像凝固的牛奶。虽然乳痂看似与宝宝的饮食有关，但实际上却与母乳或奶粉喂养没有任何关联。

父母如何处理

乳痂很难去除，千万不要试图用刷子或梳子抠掉它。这样会让宝宝敏感的肌肤增加不必要的刺激，甚至造成伤害。只要在生乳痂的地方滴些橄榄油，让它软化一会儿，然后再小心地梳理，乳痂就会自行脱落。父母也可偶尔（不要经常）用儿童洗发水和温水为宝宝彻底清洗头部。

医生如何处理

如果乳痂过于严重，可请医生开些酊剂或药膏。

脂肪粒

刚出生的宝宝需要一定时间来让皮肤适应外界的新环境，因此皮肤经常会出现各种过敏反应。

原　因

脂肪粒生成的确切原因不详。通过观察，这种现象似乎是家族性的。

症　状

如果宝宝的皮脂腺或汗腺发生堵塞，就会在脸上长出小小的白色颗粒。

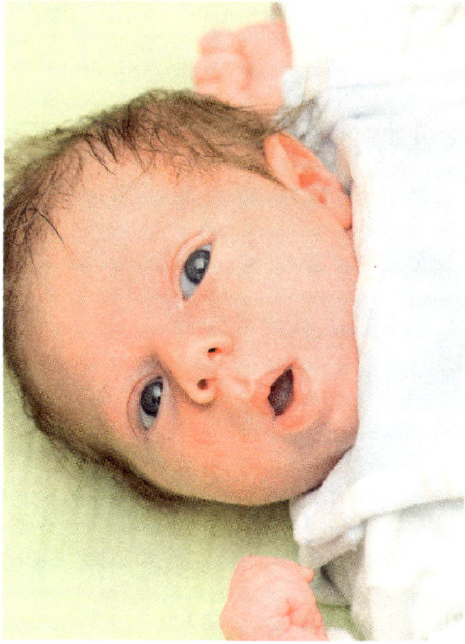

父母如何处理

出现脂肪粒后，无需进行任何处理，父母只需耐心等待。几天以后，脂肪粒会自然消失。千万不要试图挤压这些小颗粒，否则可能会导致宝宝的皮肤发炎。

中耳炎

有些幸运的婴儿可以免遭中耳炎的侵袭，但很多宝宝在人生的第一年却会遭到这种疾病的反复折磨。

原　因

婴儿感染中耳炎的原因在于，宝宝的鼻咽部与耳朵间的连接距离尚短。这一连接通道称为咽鼓管，能够保持中耳耳道的畅通。由于此时宝宝的咽鼓管太短，所以鼻咽部的致病因素很容易进入耳内。一旦感染，中耳外的粘膜就会肿胀，将咽鼓管堵塞。由于中耳堵塞，耳内的分泌物就无法排出。堆积的分泌物会很快滋生大量细菌，宝宝就会感到耳朵疼了。

症　状

我们很难确切地得知宝宝是否耳朵疼，因为第一年中宝宝总会经常啼哭。不过，如果发生中耳炎，我们还是能够看到一些有征兆的表现。如果宝宝耳朵疼，就总会在夜间惊醒啼哭，有时宝宝会出现厌食和发烧的症状。另外，宝宝只愿朝一边，即耳朵疼的那边侧躺。宝宝还会常常摸耳朵或不安地将头扭来扭去。

父母如何处理

如果宝宝疼痛难忍，高烧不退，可为其使用适龄的止痛药或止痛栓剂。在带宝宝就医之前，不妨试试下面这个小偏方：将一个洋葱切成丁，裹入纱布中。用帽子或头套将纱布袋固定在宝宝疼痛的那侧耳旁。注意不要让宝宝咬到或打开装着洋葱的纱布袋。

医生如何处理

如果出现上述症状，应带宝宝至儿科医生处就医。确诊中耳炎后，医生通常会为宝宝开出滴鼻药水和为粘膜消肿的抗生素类药物。有些家长不喜欢让宝宝吃抗生素，他们希望先给宝宝服用一些比较温和的药物。但在宝宝患中耳炎的情况下，最好尽快服用抗生素。

否则，如果炎症加剧，就可能产生后遗症，如鼓膜受损或听小骨发炎。情况严重时还可能感染脑膜炎。另外，抗生素还能够有效地止痛。服用了抗生素，宝宝和父母就终于能睡个安稳觉了。

脐　疝

脐疝一般发生在宝宝刚出生的时候。

原　因

脐疝的病因主要是由于婴儿的腹部肌肉还未完全闭合，所以有时一截肠道受到挤压，就会从肚脐处凸出来。例如宝宝使劲啼哭时就可能引发脐疝。

不过这种情况比较罕见。

症　状

如果发现新生儿的肚脐向外突出，就应该向医生咨询，因为宝宝有可能患了脐疝。

医生如何处理

如果突出明显，就可能需要通过手术治疗。不过家长不要担忧，首先要请教儿科医生。因为有些宝宝天生肚脐比较突出，一段时间后则会自动向内回落到正常状态。

新生儿黄疸

很多婴儿刚出生就被诊断为带有新生儿黄疸的症状，这种情况十分平常。

原　因

新生儿黄疸也称为“胆红素异常”，它是因为胆红素浓度过高引发的。胆红素是坏死的红细胞血色素代谢出的物质。

婴儿在出生后，胆红素应该通过肝脏从血液循环中排出。而新生儿的肝脏还需要几天至两周才能独自胜任这一任务。在这段时间内，医生和助产士应该密切关注新生儿的情况。新生儿应根据黄疸症状的程度接受不同的治疗，因为胆红素可能会沉积在大脑中，对脑部产生损害。

症　状

宝宝的皮肤首先变黄，眼白也随之出现黄晕，这时基本就可以确定宝宝的症状是黄疸了。除了肤色变黄，宝宝还会出现嗜睡及不爱喝水的症状。

医生如何处理

治疗黄疸一般采用光照疗法治疗。在接受光照的同时让宝宝大量喝水，这样就能令胆红素水平逐渐下降。

如果新生儿的黄疸极为严重，宝宝就需要接受输血治疗了。

知识链接

易发群体

早产儿患黄疸的比例大于其他新生儿，因为他们的肝脏尚未发育健全。除了早产儿以外，具有血型不协调症状的宝宝也易发黄疸。除此以外，经历难产，身上被挤压出瘀血的新生儿也是黄疸的高发群体。

神经性皮炎

神经性皮炎是一种阶段性明显的慢性病。宝宝的皮肤上不仅会出现湿疹及发炎，还会伴有很厉害的瘙痒。

原　因

如果父母曾患过神经性皮炎，宝宝就很可能也会受到遗传。

症　状

婴儿也可能会患上神经性皮炎。患了皮炎的宝宝皮肤总是又干又粗，还会形成湿疹。如果宝宝的脸上、颈部、头顶或耳后出现明显发炎、发红、渗

水甚至硬化的部位，基本就可以确定为初期的神经性皮炎。

父母如何处理

如果父母不能确定自己的宝宝是否患了神经性皮炎，最好的办法就是寻求医生的帮助。只有这样才能准确地得知自己的怀疑是否正确。不要轻信亲友的偏方，一定要给宝宝的患处每天抹油。

医生如何处理

儿科医生会用相应的药膏治疗，还会建议调理宝宝的饮食。专家认为，饮食对皮肤病起到了重要的影响作用。

治疗神经性皮炎的方法很多，除了对皮肤进行基础护理，坚持涂抹相应的乳霜或药膏以外，我们还可以用尿素、丹宁或专门的泡浴用品来进行辅助治疗。还可以用可的松或可的松的代用品来进行治疗。另一种比较新型的治疗方法是光照法，不过很少用于婴儿。因为宝宝不会在“人造阳光”下一直乖乖地躺着。

婴儿猝死

在出生后的第一年里，婴儿猝死是新生儿常见的死因。本来健健康康的婴儿却一夜之间突然死亡，其原因到现在仍然难以解释。

原　因

猝死的婴儿往往并无任何特殊病症或不良先兆。看起来完全健康的小宝宝却在睡梦中突然死亡，医学工作者至今仍未解开个中之谜。不过，婴儿猝死（SIDS）的发生率微乎其微，研究人员也一直在寻求确切的原因。

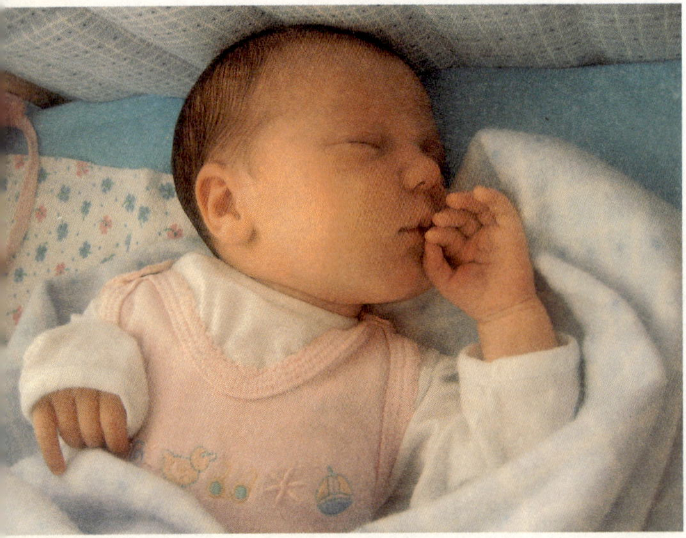

症　状

猝死的婴儿事先并无任何不良症状。面对这一命运的打击，父母们往往猝不及防。因此，他们在情绪上往往很难接受这一现实。因为宝宝并无任何生病的症状，所以父母也无法采取任何办法来保护自己的宝宝。

父母如何处理

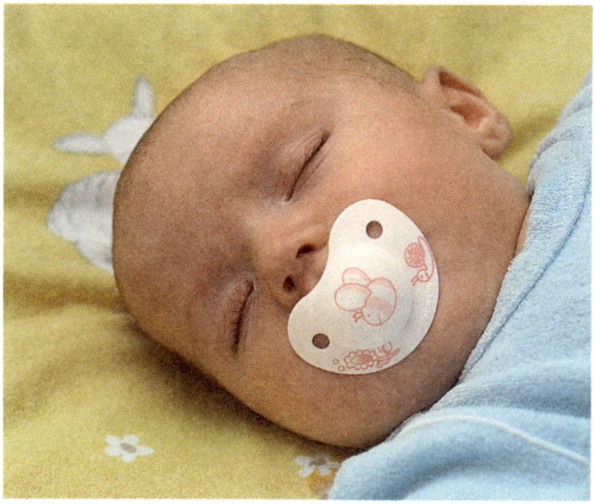

如果父母感到担忧，最好去咨询儿科医生。有一些方法能够降低婴儿猝死的危险几率：首先，婴儿一定要处于无烟的环境中，抽烟的女士在发现怀孕后应立即戒烟。宝宝卧室的温度应保持在16至18摄氏度之间。

专家建议婴儿采取仰卧姿势睡觉，最好使用睡袋。刚出生的几个月中无需为婴儿额外使用被子、枕头或帽子。最好让宝宝睡在通风、硬度适中的床垫上，不要在床上额外放置皮毛等东西。在半岁以前实行母乳喂养也是对宝宝的一种保护。如果父母有这方面的担心，不如直接把婴儿床放在自己的卧室中。这样父母就在宝宝身边，遇到任何情况可以及时作出反应，这种感觉最能让人心安。

医生如何处理

如果父母确实感到自己的宝宝有猝死的危险，可以让医生安排宝宝住进睡眠观察室。有些大的儿科诊所设有这种睡眠观察室。观察室中设有监视器，可以让宝宝在这里住上一两夜，观察宝宝夜间的情况。父母也可以在家中装上活动监视器，观察宝宝的睡眠或呼吸停顿的情况。如果担心宝宝可能会有猝死的危险，父母无论如何都要与医生保持密切联系。

知识链接

可能导致婴儿猝死的危险因素

研究人员认为下列危险因素可能会导致婴儿猝死：

· 父母吸烟

· 睡觉时俯卧

· 睡觉时环境过热，密不透风或婴儿盖的被子过热

· 出生时体重过轻

· 早产儿

· 多胞胎婴儿

· 孩子过多家庭中的新生儿

· 母亲过于年轻，未满20周岁

· 家庭社会条件较差

· 单亲家庭

· 家中若发生过婴儿猝死的先例，宝宝就属于高危人群，父母应安装一个摄像头来随时观察宝宝睡觉时的情况

· 睡眠盗汗

· 呼吸停顿时间长的婴儿

· 肤色过于苍白或四肢多青紫斑的婴儿

· 曾经濒死的婴儿

佝偻病

佝偻病是一种软骨病，历史上曾被称为“英国病”。

原 因

佝偻病的病因为缺乏维生素D。由于缺乏这种必要的维生素，导致骨质过软，钙化不足。也就是说，骨骼容易弯曲，无法正常支撑身体。

症 状

这种病通常发生在两个月至两岁的婴幼儿中。佝偻病的最初表现为睡眠不宁，容易受惊且盗汗严重。宝宝会在抬头时出现困难，还会出现腹泻的症状。此外，患儿的腹壁异常松软，容易便秘，伴有抽搐。有时还可以观察到患儿的骨骼出现变形。佝偻病如果没有及时发现并得以治疗，患儿的囟门就迟迟不能闭合，或者发生头骨过软、骨骼变形的情况。最常见的就是脊柱、骨盆和大腿骨变形，导致孩子形成罗圈腿。佝偻病也会影响到患儿的牙齿。患儿出牙迟缓，牙釉质发育不全，容易患龋齿。

父母如何处理

妇产科医生认为，准妈妈普遍缺乏维生素D，这也是剖宫产比例日益提高的原因之一。与新生儿不同的是，准妈妈可以主动采取措施，保持体内维生素D的含量。牛奶、鱼肝油，鸡蛋以及三文鱼、金枪鱼、鲱鱼和鲭鱼中都富含维生素D。此外，每天晒太阳十五分钟，人体就能产生足量的维生素D。不过，准妈妈不应该服用人造的维生素D复合剂。如有任何疑问应务必向医生咨询。

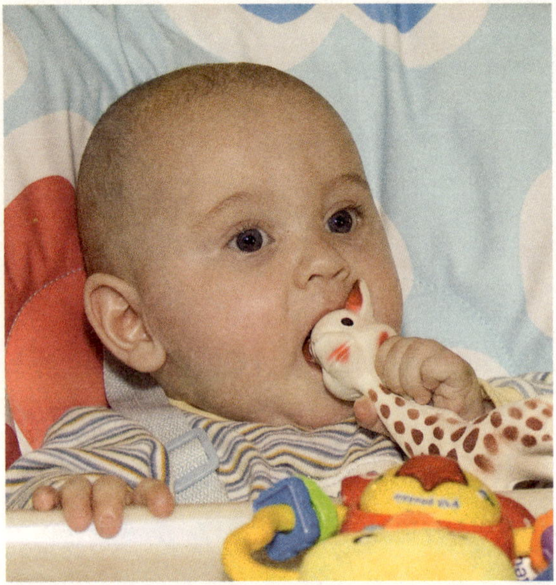

医生如何处理

为避免佝偻病的发生，德国的新生儿在一岁以内都要服用维生素D片，并辅以含氟药片来预防龋齿。因此，这种病在我们周围非常罕见。如果宝宝仍然患上佝偻病，医生会在使用维生素D的同时辅以钙片，并让宝宝多晒太阳，甚至是正午的阳光。采取了这些治疗方法后，这种软骨病基本上就可以自然治愈。应该注意的是，维生素D是处方药，一定要有儿科医生的处方才能买到。因为只有医生才能准确判断宝宝应该用药多长时间。

甲状腺功能低下

婴儿常见的先天性荷尔蒙缺陷就是甲状腺功能低下，其发病概率约为四千分之一。女婴发病率为男婴的一倍。

原　因

这种病是由荷尔蒙分泌失调引发的。如果婴幼儿甲状腺功能低下没有得到及时的诊断和治疗，就会产生严重的后果。因为甲状腺素会直接影响到身体及大脑的发育。

症　状

这种病的症状很多，推迟分娩或出生体重过大都可能是其中之一。此外还可能产生的症状为：囟门过小或不能闭合，不爱饮水，便秘，黄疸周期过长，皮肤干燥，头发干枯，舌头肿大，精神或身体发育不良，体温过低，不能活动，肌肉无力，面无表情或脐疝。

医生如何处理

一旦确诊，就要让患儿摄入所缺的甲状腺素，这样患儿就能继续正常发育了。

鹅口疮

原　因

导致鹅口疮的是一种名为白色念珠菌的真菌。这种真菌也可以在乳头、乳腺、母亲的阴道或宝宝的尿裤区出现。

下述母亲更容易遭到鹅口疮的侵害：

- 在剖宫产或乳腺炎时曾服用抗生素
- 乳头受伤或有撕裂
- 使用防溢乳垫，导致乳头一直处于暖湿的环境中
- 摄入过多奶制品、甜食或人工代糖剂
- 缺铁、叶酸及维生素A、B、C和K

· 长时间服用抗生素（一个月以上），即使已经停药一段时间

· 服用含雌激素的避孕药

· 长期服用类固醇药物，如治疗哮喘等

容易患鹅口疮的婴儿：

· 接受过抗生素治疗

· 使用安抚奶嘴

症　状

鹅口疮有以下症状：

· 哺乳或使用吸奶器时胸部或乳头剧烈疼痛，即使改变姿势或手法也无法减轻

· 乳头出现痛、痒、异常粉红、有亮斑、出疹子或者水泡

· 乳头皲裂

· 阴道真菌感染

以下为新生儿的症状：

· 口腔内、面颊及舌头上出现白色膏状的黏膜

· 婴儿拒绝吮吸乳头

· 喝奶时口中发出响声

· 躁动不安，腹中胀气

父母如何处理

哺乳时让宝宝少食多餐，从不太疼的一边开始。如果用吸奶器吸奶，那么在感染期间就不要将母乳喂给宝宝喝。吸奶器的所有部件每天都要消毒晾干。

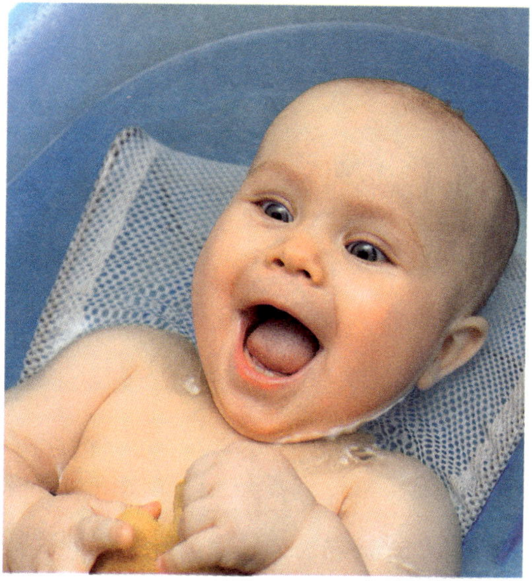

由于真菌也会出现在母乳中，所以哺乳之后应认真洗手。宝宝的安抚奶嘴要每天高温消毒，最好用沸水煮20分钟，以便消灭病源。病症痊愈后，最好给宝宝买一个全新的安抚奶嘴。如果使用一次性的防溢乳垫，就要在每次哺乳后弃旧换新。如果用布做的溢乳垫，最好能在哺乳后用开水煮，晾干后再使用。

不同年龄的宝宝几乎都可能将玩具放到嘴里，这恰好可能会导致鹅口疮的传染。因此，宝宝的玩具应经常用热水清洗干净。另外，不仅妈妈和宝宝会传染上鹅口疮，男性也不例外，如在与女性发生性行为时被传染，男性被感染后几乎没有明显症状。如果在接受了一周期治疗后，鹅口疮仍无好转，或者治愈后再次复发，那么就有可能是全家人都受到感染了。

医生如何处理

确诊为鹅口疮之后，医生会对母亲和宝宝同时进行治疗。两人会服用同一种药物，感染症状一般一两天内就会得到控制，有时病情持续的时间会长至五天左右。这时，妈妈可以照常给宝宝哺乳。

消化不良

出生后最初的三个月中，新生儿的消化系统最容易出问题，但父母不必为此担心。

原　因

新生儿出现消化不良可能是因为肠道里缺乏双歧杆菌。

症　状

消化不良的症状为便秘、胀气或腹泻。

父母如何处理

通常，只要调整好宝宝的膳食，这些症状就会很快消失。我们也可以在与医生商定之后为宝宝添加专门的食物，如含益生菌的饮料。这些菌类自然会对消化起调节作用。特定的粗纤维食品也有益于提高肠道中双歧杆菌的数量。例如，乳酸菌就是很有效果的益生菌。在宝宝普通的瓶装辅食中也含有能够促进消化的物质。母乳喂养的宝宝如果发生腹泻，妈妈要尽量增加哺乳的频率。如果是奶粉喂养的宝宝，可以在几小时之内只给宝宝喝专门的溶液，然后再让宝宝按照医生的安排进食，因为肠胃的恢复需要很多食物。添加乳糖也能调节宝宝的消化，此外还可以给宝宝喝些未加蔗糖的小茴香茶。

医生如何处理

宝宝腹泻时，父母一定要带孩子先去就医。最重要的是马上为婴儿补充水分，因为腹泻会造成水分的大量流失。此外，腹泻还会令婴幼儿体内的某些矿物质（电解质）减少，因此也要马上进行补充。最好的方法是让婴儿服用专用的、带有矿物质的葡萄糖溶剂。

长 牙

即使新生儿的口中还没有牙齿，他们就已经会用上下颚咬合了。大约从三个月起，宝宝小小的牙冠就会逐渐从牙根里露出头来，穿破牙龈。出牙的顺序是一定的，每个孩子全都相同。宝宝在大约七个月时最先长出两颗下门牙，再过六个月大约长齐八颗门齿，到两岁半时乳牙基本长齐。宝宝长牙给许多家庭带来了艰难的挑战，只有少数宝宝能够毫无反应地安然度过这个时期。大多数宝宝在长牙的时候都会因为疼痛而反复哭闹，还可能伴有发烧或其他症状。

在给长牙的宝宝哺乳时，妈妈会担心宝宝用新长出来的小牙咬乳头。当宝宝刚刚长出两颗下门齿的时候，这种担心尚无必要。因为这时宝宝还不会咬合，他们的舌头会挡住牙齿，而且上颌还没有长出咬合所需的对应的牙齿。这时，采取母乳喂养的妈妈可以继续放心地为宝宝喂奶。不过，由于母乳内的乳糖含量很高，所以可能会导致宝宝产生龋齿。龋齿在夜间更容易形成，因为此时宝宝的唾液分泌会明显减少，乳糖会长时间地附着在牙齿上。因此，宝宝一开始长牙，就要开始每晚刷牙了，夜间尽量不要哺乳，只喂清水。

症 状

父母无需担心自己无法及时发现宝宝在长牙，因为长牙时的症状太明显了。宝宝会突然开始大声啼哭，无论怎么安抚也难以平静。这往往就意味着宝宝的第一颗小牙要萌出了。长牙的时候，宝宝会非常烦躁，经常会毫无原因地哭闹。这时，宝宝的牙龈会变得又红又肿，还会把各种东西放到嘴里咬，就连妈妈的乳头也无法幸免。

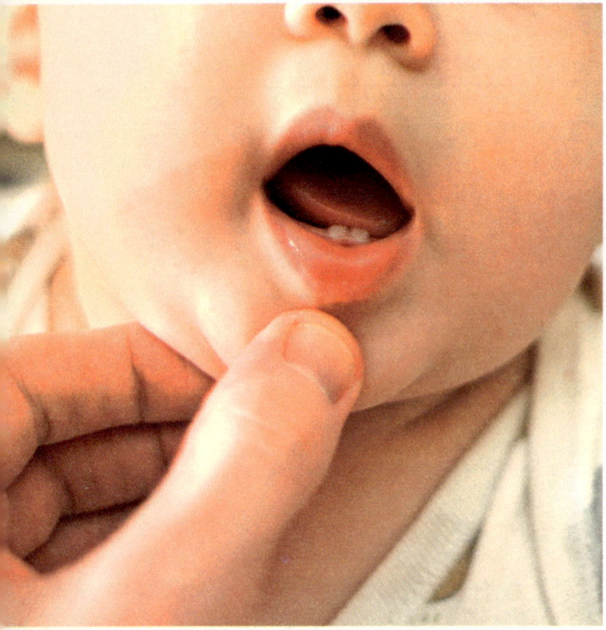

如果家长已经开始用勺子喂半岁的宝宝吃饭，那么在长牙时，宝宝很可能会拒绝使用勺子，因为一不小心勺子就会碰到宝宝红肿的牙床。

有些宝宝在长牙的时候会发烧。很多宝宝长牙时，臀部幼嫩的皮肤会发生皲裂甚至出血。这时，爸爸妈妈一定要让宝宝的小屁屁保持温暖干燥，经常为发炎的部位通风，也可以涂抹一些具有舒缓作用的药膏或乳液。

爸爸妈妈如何处理

在宝宝长牙期间，爸爸妈妈可以为他准备一些可以啃咬的东西，可以给宝宝买一两个可冷藏的牙胶。这种牙胶中间充水，可以放入冰箱冷藏。冰凉的牙胶既能够满足宝宝啃咬的需求，同时还能缓解红肿的牙床所带来的疼痛。这样的牙胶在药店或婴幼儿用品商店里都能买到。

爸爸妈妈也可以在宝宝的牙床上涂抹专门的长牙药膏。这种药膏具有轻微的麻醉作用，也能缓解长牙时的疼痛。

有些妈妈会使用一些顺势疗法的药物来帮助宝宝止痛，也可以从药店、婴幼儿用品商店或有机食品商店买些紫堇根让宝宝啃咬。

采取哪些方式完全由家长自行决定。无论哪些方法，其目的都是为了让家长和宝宝平安度过长牙期。

知识链接

牙齿的早期发展

很多父母都不知道，宝宝的乳牙早在第六至第八孕周时就已经开始生长了。胚胎细幼的颌骨上会慢慢长出牙床，牙龈中排列着20颗乳牙的牙胚。在孕期的第四个月时，宝宝的牙胚中就慢慢地开始形成坚硬的牙釉质了。

吃手与安抚奶嘴——有害牙齿健康?

长时间地吃手或使用安抚奶嘴可能导致颌骨变形。通常情况下，颌骨在长牙过程中可自行修正。不过，我们也可以采取一些措施避免颌骨变形。不要为了安抚宝宝而让他一直叼着安抚奶嘴。如要间或使用安抚奶嘴，每次时间最好不要超过半小时。

疫　苗

接种疫苗一直都是一个倍受争议的话题。家长常常感到很困惑，不知道宝宝到底需要接种多少疫苗，也弄不清哪些疫苗是必需的，哪些则可有可

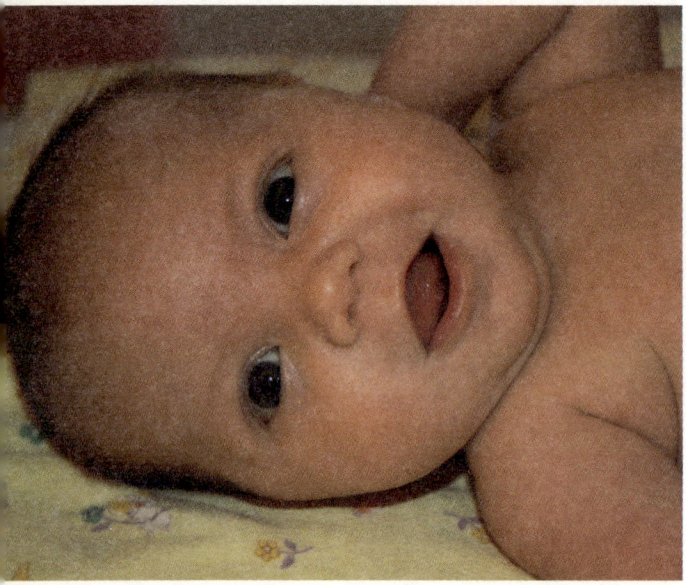

无。关于疫苗的争议很多，有人认为疫苗是预防疾病的主要防护手段，有人则因为接种疫苗可能造成的副作用和伤害而对其产生质疑。不过，最终的决定权还是掌握在父母手中。只有详细地了解关于疫苗的知识，才能为宝宝做出最佳的选择。我们对于将要接种的疫苗和需要预防的疾病了解得越多，就越容易做出选择。在接种疫苗前，父母应认真征求儿科医生的意见。下面，我们为大家介绍一些大多数儿童医生都推荐接种的疫苗。

六至二十四个月的婴幼儿常因感染轮状病毒而出现呕吐和腹泻的症状，有一种新疫苗能够对此进行预防。轮状病毒往往会引发严重的病症，因此造成宝宝严重脱水。这种病毒极易通过带病者的排泄物传染。因此，儿科医生一般都会建议婴儿在出生后的十二周内口服轮状病毒的疫苗。疫苗带来的抵抗力可以持续到宝宝半岁时。同时，宝宝在三、四、五次检查时也需接种疫苗。

一岁以内需要接种的疫苗			
疫苗名称	接种时间	预防疾病	预防年限
卡介苗	出生24小时内	结核病	5~10年
乙肝疫苗	出生24小时内、1月龄、6月龄	乙型病毒性肝炎	3~5年
脊灰疫苗	2月龄、3月龄、4月龄	小儿麻痹	儿童期
百白破疫苗	3月龄、4月龄、5月龄	百日咳、白喉、破伤风	儿童期
A群流脑疫苗	6月龄、9月龄	流行性脑脊髓膜炎	5年
麻疹疫苗	8月龄	麻疹	8~15年
乙脑疫苗	11月龄	流行型乙型脑炎	儿童期

特别篇

幼儿儿歌——学习语言乐趣多

我的大拇哥。

这首儿歌能让宝宝高兴地笑起来。妈妈轻柔地握住宝宝的小手，一边念儿歌，一边依次轻触宝宝的手指。从《大拇指》开始：

我的大拇哥，力大能推车。车上放果果，推回家里了。宝宝乐呵呵，快来吃果果。

再尝试下《小猫捉老鼠》。

我们可以一边用手指触摸宝宝，一边讲这个故事。下雨的时候用指尖轻轻敲击，刮风的时候用嘴轻轻吹气。用手指的触摸表现小猫走路时轻手轻脚的样子及老鼠快步跑过的样子。用指尖轻敲模仿小老鼠逃跑的情景，小老鼠最后终于逃回“家”（在宝宝脖子、后颈或耳后）躲了起来。

小猫捉老鼠。小雨滴滴答，小风呼呼刮。小猫捉老鼠，老鼠钻回家，再不露头啦！

下一首《宝宝，宝宝上楼梯》。

用两个手指模仿“宝宝”，沿手臂或肚子向上移动，中途稍微停顿，再继续向上。敲门时轻轻用手敲敲宝宝的前额，按门铃时轻轻按按宝宝的耳朵，问候时轻轻捏捏宝宝的鼻子。

宝宝宝宝上楼梯。门铃叮铃铃，敲门咚咚咚。问声早上好，快快打开门！